written by Endo Shusaku and Geijutsushincho

Jesus Christ and the Twelve Apostles

遠藤周作で読む イエスと十二人の弟子

遠藤周作　芸術新潮編集部［編］

とんぼの本

新潮社

Contents

目次

［前頁右から］ラ・トゥール《聖ペトロの涙》/マザッチオ《聖アンデレ》/エル・グレコ《聖ヤコブ》/
ヒエロニムス・ボス《パトモス島の福音書記者ヨハネ》/カラヴァッジョ《聖マタイの召命》/
ラ・トゥール《聖トマス》/エル・グレコ《聖ピリポ》/ヴィッツ《聖バルトロマイ》/
レンブラント《使徒シモン》/ショーンガウアー《聖小ヤコブ》/ショーンガウアー《聖タダイ》/
レオナルド《最後の晩餐のための習作（ユダの頭部）》/全て部分　データは本文参照

第一部 イエスと弟子

魂のドラマ

私たちがもし聖書をイエス中心という普通の読みかたをせず、弟子たちを主人公にして読むと、そのテーマはただ一つ——弱虫、卑怯者、駄目人間がどのようにして強い信仰の人たりえたかということになるのだ。そしてまた、そのふしぎな弟子たちの変りかたの原因こそ、聖書が私たちに課するテーマであり、謎とも言えるであろう。

（遠藤周作『イエス・キリスト』以下57頁までの引用は同書より）

ルカ・シニョレッリ《使徒たちの聖体拝領》
1512年　テンペラ、板　235 × 220cm
Museo Diocesano, Cortona

イエス最期の地エルサレム。イエスが処刑された瞬間、地はゆれ、雷鳴がとどろき、神殿の幕がまっぷたつに裂けたと聖書は記している。撮影＝白川義員

西暦三〇年の春、エルサレム城外の岩だらけの丘で、一人の男が処刑された。男は十字架に両手、両足を釘づけにされ、三時間の苦しみの後、息たえた。その死を遠くから見守ったのは彼の母親や何人かの女性たちだけで、生前、この男が生活を共にし、おのが信念を吹きこもうとした友や弟子たちはすべて彼を見棄て、逃亡していた。

男は弟子たちが自分を見棄てただけではなく、裏切ったことも知っていた。弟子たちは彼と共に処刑されることを恐れ、自分たちの釈放を条件に彼を売ったのである。半生の間、愛してきたこの弟子たちの仕打ちは男の胸を引き裂いた。にもかかわらず、彼は十字架の上で、その彼等を恨むかわり、そのために必死で祈ったのである。

この臨終の有様を伝え聞いた弟子たちは、はじめておのれの卑怯さ、弱さに号泣した。良心の呵責を噛みしめながら彼等は故郷のガリラヤに戻ったあと、ふたたび思い出のエルサレムに集まった。それが原始キリスト教団のはじまりとなった。

イエスの生い立ち

大工仕事をする父ヨゼフと少年イエス。
ジョルジュ・ド・ラ・トゥール《大工ヨゼフ》
1640年頃　油彩、カンヴァス　137×101cm
Musée du Louvre, Paris　Photo: W.P.S.

イエスは紀元前六年ごろベトレヘムで生れた。ベトレヘムは父親ヨゼフの本籍地である。当時、住民登録の手続きは本籍地でしなければならなかったから、ナザレの町の大工だったヨゼフは身重のマリアをつれて旅にでた。そこでイエスが生れた。

育ったのはナザレである。ガリラヤ地方の田舎町で、人々はみな貧しかった。「ナザレにはよきものはない」と噂されるような土地柄で、オリーブ林や糸杉の丘など美しい自然だけが少年をなぐさめた。

大工の仕事を手伝っていたイエスは十九のとき父親をなくしている。これから父のかわりにマリアを養っていかなければいけない。イエスはじっさいの年よりずいぶん老けてみえたという。きっと苦労性だったのだろう。

大工仕事のあいまにはユダヤ教の会堂にでかけ、人々とともに旧約聖書を朗読した。まじめなユダヤ教徒だった。このころのイエスはひとりの若い大工として、

ピエロ・デラ・フランチェスカ《キリスト洗礼》
1450年代　テンペラ、板　167×116cm
National Gallery, London　Photo:Erich Lessing/PPS

彼（イエス）は自分が
これから住むユダの荒野が
どういう場所であるかは知っていた。
そこは地の果てという言葉に
ふさわしい地帯である。

死海のまわりに広がるユダの荒野。
Photo: Erich Lessing/PPS

清く貧しくふつうに生きていたのである。

そのころエルサレムの南にひろがるユダの荒野に、ひとりの男があらわれた。洗礼者（洗者）ヨハネである。ラクダの毛皮に革帯をしめたその異様ななりで彼はまず人々をおどろかせた。そんな彼が舌鋒するどく叫ぶ「汝ら蝮《まむし》の裔《すえ》よ、神の国の出現する日は近い。悔いあらためよ」という言葉はユダヤ人の心をとらえた。

ユダヤの歴史は屈辱にみちている。ペルシアにはじまりギリシャ、エジプト、シリヤ、パルチア、そしてローマと五世紀以上も外国の支配が続いている。人々はその屈辱の日々のなかで、ユダヤ教の神ヤウエがつかわす〝救い主〟を待ちこがれていた。救い主のまえには露払いとして神の言葉をあずかる預言者があらわれる。洗者ヨハネはその預言者だった。

洗者ヨハネの評判はたちまちユダヤ人のあいだにひろまり、ナザレにも届いた。イエスが仕事と家族をすて、ヨハネのもとへいこうと決心したのは三十四、五歳のころだという。理由はよくわからない。

イエスが洗礼をうけたヨルダン川。
Photo: Erich Lessing/PPS

なにかに飢えていたのかもしれない。はたらきざかりの彼をうしなうことは家族にとって痛かった。母のマリアはともかく、親戚連はあっけにとられただろう。突如として、ささやかだが堅実なナザレの生活を捨てて、荒涼たるユダの荒野に行こうとするイエスは彼等の眼には無責任な現実からの脱落者としか、うつらなかったのかもしれぬ。（遠藤周作『イエス・キリスト』より／以下❦印同）

　ユダの荒野は草木も生えず生きものも住まない〝地のはて〟である。その砂漠を背後にひかえたジェリコの町でイエスは洗者ヨハネと会い、ヨルダン川で洗礼をうけた。

　イエスは師を尊敬した。師もまたイエスを愛した。ローマに迎合し、人々の声に耳もかさずに伝統的な祭儀にふけるユダヤ教主流派たち。彼らにたいする師の糾弾をイエスはそのとおりだと思ったにちがいない。しかし洗者ヨハネはあまりにきびしい男だった。彼の説く神もまたあまりにきびしかった。それは自分にしたがわない町をほろぼし、人々の不正にはげしく怒り、裏切りを容赦なく罰する厳父のような神である。

　それが本当の神の姿だろうか。洗者ヨハネ教団のなかでイエスはおそらくこのことを御自分に訊ねられたであろう。彼はナザレの小さな町の貧しさとみじめさとのなかで生きている庶民の人生を知っておられた。（中略）生活のためにどうにもならぬ人間たちの弱さも熟知されていた。病人や不具者たちの歎きも見ておられた。（中略）神はそれらの人生をただ怒り、罰するためにだけ在るのか。神はそれら哀しい人間に愛を注ぐために在るのではないのか。❦

旅の途中、山にのぼったイエスは弟子のなかから12人をえらび、
みずからを継ぐ〝使徒〟として宣教に旅立たせた。
フラ・アンジェリコ《山上の説教》 1438～46年 フレスコ
Museo di San Marco, Firenze

イエスがえらんだ十二人

師である洗礼者ヨハネの説く神とはべつの〃愛の神のイメージ〃をつかんだイエスはユダの荒野を去る。そのとき彼のまわりには、おなじガリラヤ地方出身の弟分たちがしたがっていた。彼ら〃最初の弟子〃たちとともに、イエスは故郷にかえっていった。

およそひと月ぶりに息子の姿をみたマリアはイエスにかけよって首をだき、キスをしてむかえた。だが親類の眼は冷たかった。イエスは母をつれてナザレを去り、ガリラヤ湖畔の町カペナウムに移り住んだ。

いよいよ布教がはじまる。イエスは湖畔の漁村をひとつひとつめぐり、人々に話をした。会堂をつかうときもあれば野原にすわって話すときもあった。聴きては漁師やその家族たちである。むずかしいことはわからない。イエスはたとえ話をうまくつかって、神の教えをやさしく語りかけた。

家にもどっていた弟子たちも漁などの仕事がひまになると、イエスの旅のおと

もともと彼等は決して最初から強い信念や信仰の人間ではなかった。彼等の大半はガリラヤ湖の漁師や人々に軽蔑される職業についていた。

《キリストと十二使徒》 1490年頃　菩提樹材　高40.8cm
撮影＝野中昭夫　Suermondt Ludwig Museum, Aachen
もとはドイツの教会にあった祭壇装飾の群像で、左からタダイ、ヤコブ、トマス、マタイ（ピリポ、小ヤコブとも）、ペトロ、ひとりおいてイエス、ひとりおいてヨハネ、バルトロマイ、ひとりおいてユダである（その他の弟子の名は不明）。

もをした。話にひかれていっしょに旅をしたいと申しでる者にイエスは、ただひとこと「私についてきなさい」とこたえた。そうして弟子の数もふえていった。

人々にとってイエスは〝夢の対象〟だったのかもしれない。多くの人が彼はやがて指導者になるだろうと感じた。民族主義者たちはパレスチナからローマを追いだしユダヤの誇りをとりもどしてくれることを期待した。そして病人にとっては病を癒してくれる〝奇蹟〟の聖者だった。

だがそのすべてが誤解だった。イエスはただ〝神の愛〟のことしか語らなかった。そしてその〝愛〟が現実には無力であることを知っていた。彼が「汝らは徴《しるし》と奇蹟をみざれば信ぜず」とかなしそうにつぶやいたのはこのころである。

そんなある日、イエスは山にのぼる。彼の話をきこうと山にあつまった群衆は五千人、みなひどく興奮していた。イエスにむかって口々に「ユダヤのために立ちあがれ！」とさけんだ。はたからみれば反ローマの決起集会としか思えなかったろう。

弟子たちも固唾をのんでイエスの言葉を待った。沈黙ののち、イエスはしずかに語りはじめた。

「幸いなるかな　心貧しき人　天国は彼等のものなればなり……。敵を愛しなさい。右の頰を打たれたら左の頰をさしだしなさい」

それはかつてだれひとりとして語ったことのない〝愛のよびかけ〟だった。人々はその不可解な言葉におどろき、あきれた。彼らはつぎつぎと山をおりた。イエスをはげしくののしる者もいた。

弟子たちもまた去っていった。のこったわずかな弟子にむかってイエス

ジェリコからエルサレムへ通じる古代の道。
イエスと弟子たちはユダの荒野で合流し、
「過越祭」でにぎわうエルサレムへむかった。
Photo: Erich Lessing/PPS

眼前に迫った自分の受難を予感しながら、
イエスは「皆の先頭を歩いた」……
孤独なイエスの姿が眼にみえるようである。

は「汝らもまた去らんと欲するか」といったという。

彼等とて去っていけるものなら去っていきたかったであろう。それなのに今人々から見棄てられ、孤独で一人ぽっちのイエスからどうしても離れることはできなかった。イエスが無力にみえればみえるほどこの人を見棄てれば、そのあと、どんなに言いようのない悔いと寂しさが残るかを彼等は無意識に感じていたのかもしれぬ。

イエスとのこった弟子たちは〝まるで逃げるように〟流浪の旅をつづけた。どこへいってもこの〝無力な男〟を歓迎する者はなく、泊る家もなかった。

そして一行はピリポ・カイザリヤの丘にたどりつく。そこでイエスは自分の死が近いことを告げた。「私がこの世にきたのは多くの人のあがないとして命をあたえるためだ」

「なんてことをおっしゃるんです!」。かなしむ弟子をなだめながら、イエスは彼らのなかから自分の後継者として十二人をえらんだ。

ペトロ、アンデレ、ヤコブ、ヨハネ、マタイ、トマス、ピリポ、バルトロマイ、小ヤコブ、タダイ、シモン、ユダ――十二使徒の誕生である。

えらんだ理由はよくわからない。みな純朴で誠実な人柄ながら、どこかたよりない連中だった。彼らが師の教えを理解していたとはいいがたく、いわば〝くされ縁〟のようなかたちでなんとなく師についてきた男たちである。

イエスにすれば、ここまでついてきてくれただけで十分だったのかもしれない。彼はこの十二人を宣教の旅にだした。「ふたり一組でいきなさい。たべものも金も持ってはいけない。そして、神の国は近づいたと人々に伝えなさい……」

それは彼の死後、この弟子たちが彼の志を継ぐ準備のためでもあった。宣教の訓練というだけではなく、自分のなきあと、彼等にふりかかってくる辛苦に耐えるための訓練でもあったのである。

その後、イエスと弟子たちはおそらくユダの荒野で再会する。弟子たちの宣教にたいした成果はなかったはずである。イエスも期待していなかっただろう。

ときは西暦三十年の春である。ユダヤ教の大祭「過越祭《すぎこしのまつり》」をひかえて、エルサレムへのぼる道は巡礼者でごったがえしていた。イエスは弟子たちに、ジェリコをぬけてエルサレムへいくと告げる。彼は死を覚悟していた。そんな師の思いをよそに、弟子たちはふたたびイエスと歩みをともにできると、いたずらに興奮するばかりだった。

イエス最後の五日間

「エルサレム入城」

ドゥッチオ・ディ・ブオニンセーニャ
《キリストのエルサレム入城》 1308～11年
テンペラ、板 101.9×53.7cm
Museo dell'Opera del Duomo, Siena Photo: W.P.S.

もともと過越祭は家畜の無事と繁殖を祈る祭りだった。それが旧約聖書のモーゼの故事とかさねられ、過越祭にユダヤのメシヤ（救い主）が来臨するという信仰が生まれた。

毎年、春分のころにおこなうこの祭りにむけてユダヤのナショナリズムは頂点に達する。今年こそは征服者を追いはらい、ユダヤを再興する救い主があらわれるのではないかと人々はエルサレムへ殺到する。イエスと弟子たちがエルサレムへむかったのもまた過越祭の直前だった。

ちょうどそのころ、バラバという男が反ローマ一揆をおこした。一揆はすぐにローマ兵によって鎮圧され、バラバはエルサレムへ送られた。

この事件は巡礼者たちを刺激した。ローマ憎しの情に燃える彼らは「バラバを救え！」とさけびながら、だれかが決起するのを待っていた。

そこにあらわれたのがイエスである。

彼はオリーブ山をくだり、
人々に歓呼されながら、
自分がもうすぐ彼等を
失望させることを、
そして失望した彼等が
自分を見棄てることを
知っておられたにちがいない。

ユダヤの人々は彼が洗者ヨハネの弟子だったことをおぼえていた。あとはあのときとおなじだった。ガリラヤ湖畔でイエスをとりまいた五千人の群衆とおなじように、彼らはイエスを指導者にまつりあげた。イエス人気復活である。

しかしイエスはもうその誤解をとこうとしなかった。ガリラヤの経験から、自分の真意を語ってもむだだとわかっていたのである。

いっぽう弟子たちはがぜん元気をとりもどした。ついに師は人々の期待にこたえようと決めたのだ。

興奮した弟子たちのなかで、一人、さめていたのがユダだったような気が私にはする。他の者がふたたびイエスを民族指導者になるかもしれぬと期待しだしたこの日々、彼だけがイエスはそれを拒否することをひそかに感じていたようである。彼はその意味で弟子たちのなかでただ一

エルサレムの街並み。イエスの時代は右頁にみえるドーム（イスラム教のモスク）のあたりに、ユダヤ教の神殿があったという。
撮影＝三好和義/PPS

人、イエスの奇妙な理解者だった気配がある。

四月三日、月曜日。イエスと弟子たちはエルサレムへ入った。ロバにのったイエスを巡礼客たちは熱烈にむかえた。ある者は棕櫚の葉を、ある者は着衣を道にしいた。「主の御名によりて来る者に祝福あれ！」

多くの宗教画はこの場面で、まるで勝利者のようなイエスの姿を描いている。だが事実は、イエスは苦しい微笑をうかべられ、孤独を噛みしめながら山をおり、エルサレムに入られたのだ。彼はおそらく、この時、ガリラヤ湖畔で自分を囲んだ群衆が、あの山上の説教の日に自分に失望し、幻滅し、怒り、引きあげていったのを思いだされたにちがいない。もうすぐ、あの時よりも、もっと苦しいことがやってくる。もうすぐ、これらの巡礼客が自分を見棄てる時がやってくる。

ローマの庇護のもとエルサレムを牛耳っていた権力者、ユダヤ教の大祭司カヤパがもっともおそれたのは民衆の暴動だった。責任をとらされるからである。したがって彼は、巡礼客がリーダーとみなすイエスの一挙手一投足を監視させた。いつでも逮捕できるよう手はずをととのえていた。

カヤパたちユダヤ教主流派にとって、イエスは洗者ヨハネの弟子時代から〝危険人物〟だった。彼のいく先々にスパイを送りこみ、その言動をさぐってきた。消そうとしたこともある。

イエスはもちろんそのことに気づいていた。そして、だからこそエルサレムにきたのである。それは飢えた虎のまえに身をなげだすようなもので、ほとんど自殺行為だった。

彼はなぜ死のうとしたのか。それは彼が説きつづけたにもかかわらず、弟子たちをはじめだれも理解してくれなかった〝神の愛〟の存在を、人々に信じてもらうためだった。言葉ではだめなことはガリラヤの経験でわかっていた。ならば、あとはみずからの死によって説くしかない……。

その命がけの〝説教〟の舞台として、過越祭ほどふさわしい場所はなかった。

しかしイエスにとって誤算だったのは、民衆の暴動をおそれたカヤパが、彼をなかなか逮捕しなかったことである。イエスは毎日、神殿で〝神の愛〟について語った。つまり逮捕のチャンスはいくらでもあったのに、カヤパはイエスを泳がせていたことになる。

そして三日目の水曜日、イエスは彼らしくないことをする。神殿で商いをする者たちを叱りつけ、鞭で追いはらったのである。「ここからでていけ！　私の父の家で商売などするな！」

イエスはこの行動で自分が彼等の手によって捕縛されるのを願っておられたのではないだろうか。（中略）だが衆議会は手を出さなかった。神殿警備隊さえ、この時、イエス逮捕に乗りださなかった。

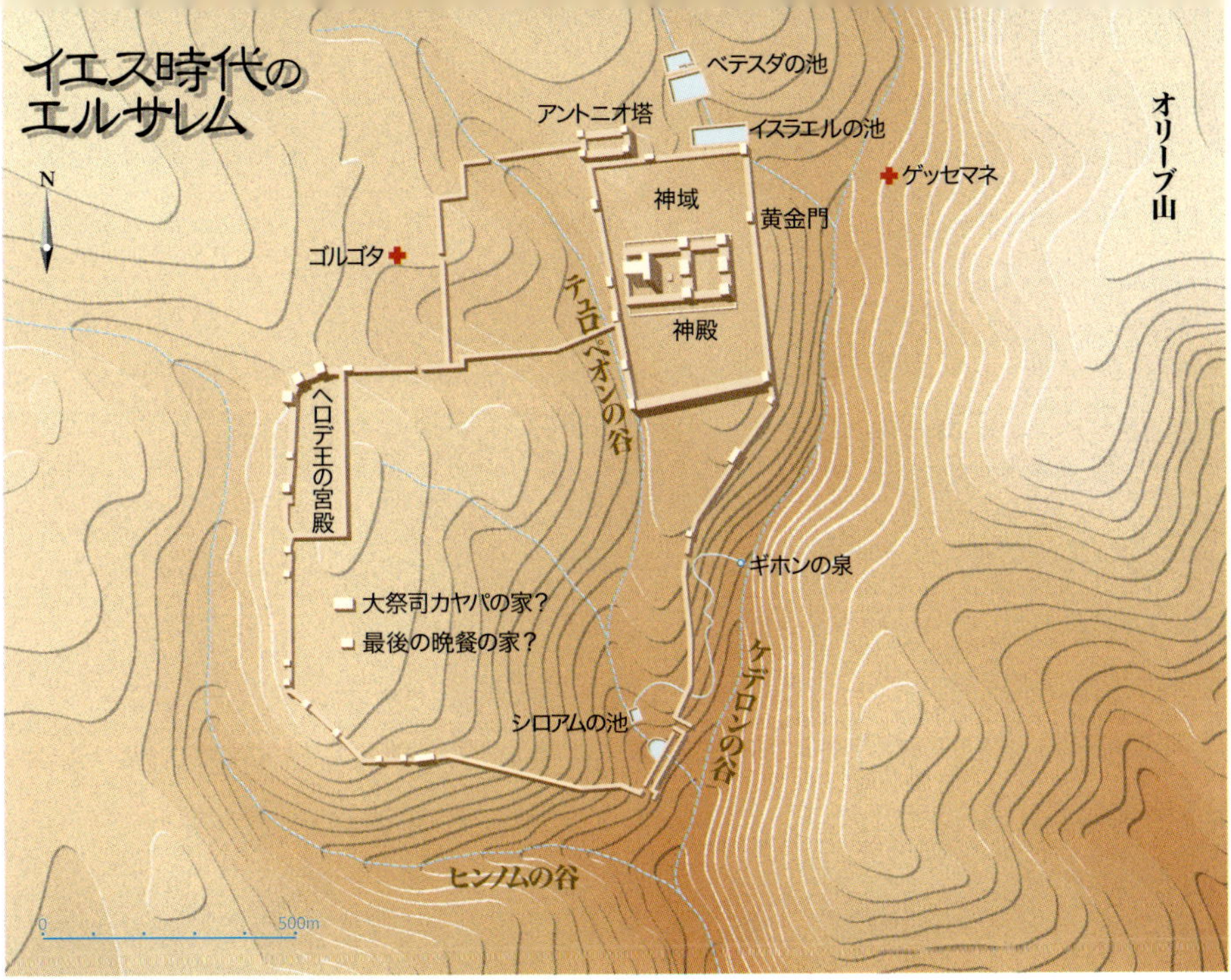

「イエスと十二人の弟子」
関連地図

ウィリアム・ブレーク《最後の晩餐》 1799年　テンペラ、カンヴァス　30.5 × 48.2cm
National Gallery of Art, Washington
イエスに寄りそう若者が〝愛弟子〟のヨハネ、右下でひとりうしろをむく男が〝裏切り者〟ユダだろう。肘をつき、足をなげだして食事をとる図柄は、「最後の晩餐」を描いた作品ではめずらしいが、こちらのほうが当時の風習に近い。

「最後の晩餐」で何が起こったか？

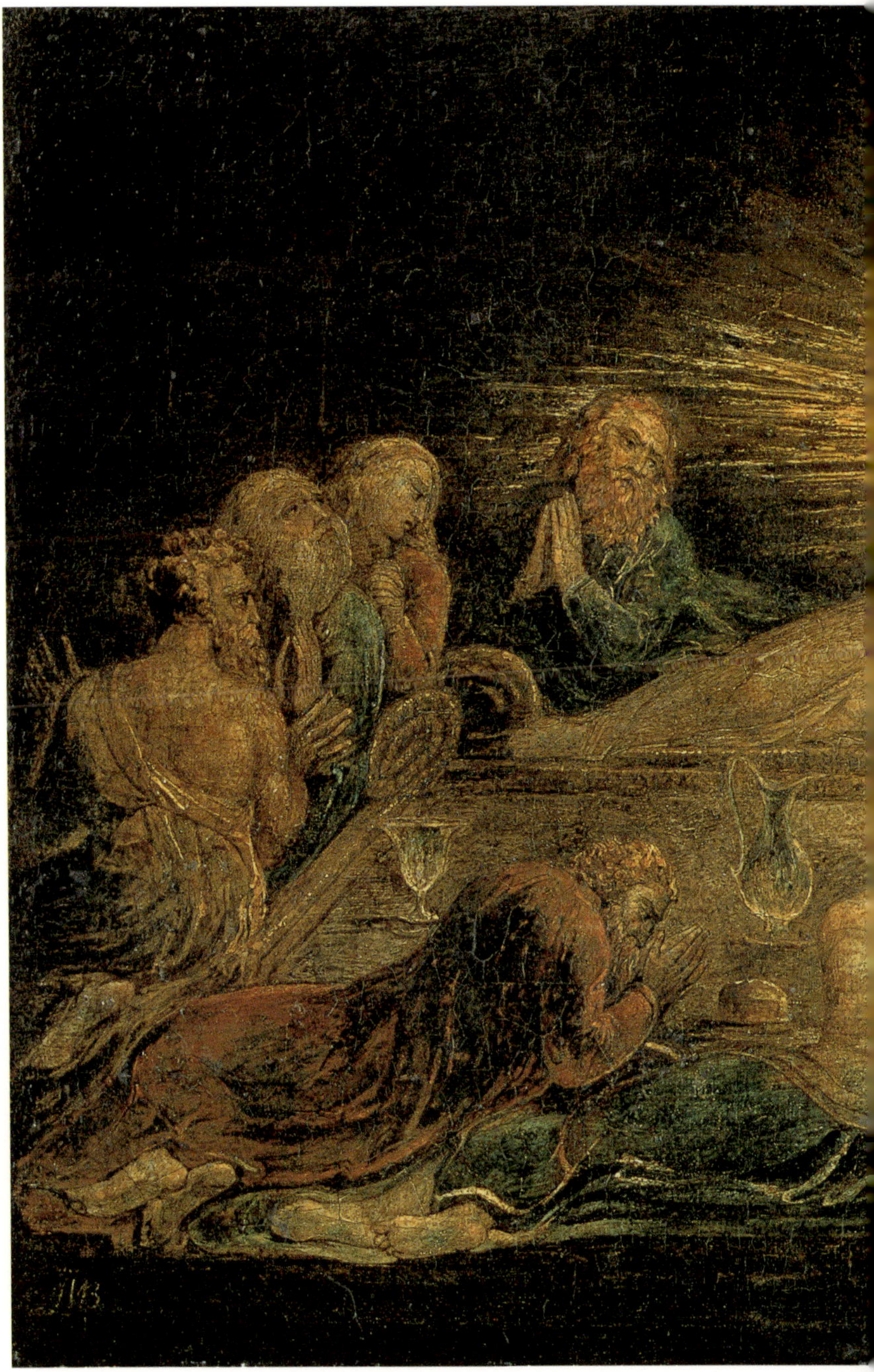

イエス最後の食事は
弟子の粛清と残った者の
結束の食事だったのである。

「晩餐」のまえ、ペトロの足を洗うイエス。
当時は食事のまえに足を洗う習わしがあり、みずから
その〝いやしい仕事〟をするイエスに、弟子たちは仰天！
ピエトロ・ロレンツェッティ《使徒の足を洗うキリスト》
1326～29年　フレスコ　244×310cm
La Basilica di San Francesco, Assisi

四月六日、木曜日。神殿で怒りをぶちまけた翌日の朝、眼ざめたイエスはなにを思ったのだろう。彼にとっては床のなかでむかえる最後の朝だった。

この日の夕方、過越祭においてもっとも大事な儀式である「晩餐」がはじまる。イエスがエルサレムに入ってからずっと、彼がいつ決起するかを見守っていた巡礼客の期待と興奮は極限に達していた。

私たちは福音書を表面的に読む時、この「最後の晩餐」がイエスとその数少ない弟子たちとの間で単独でひそかに行われたような印象をうけるだろう。だが事実はそうだったのだろうか。既にジェリコの町でもイエスが泊られた家には、群衆が足の踏み場もないほど押し寄せたと福音書はのべている。この木曜日、イエスがどこで過越祭の食事をするかは、興奮した巡礼客の好奇心を引かなかった筈はない。その厳粛な食事で、彼が何を語り、何を宣言するかに関心を持たなかった筈はない。

「晩餐」をおこなった家がどこかははっきりしない。おそらくイエスを支持する者が会食の用意をととのえて彼らを招いたのだろう。その家にむかうイエスと弟子たちのあとを多くの人がついていった。〝救い主〟イエスにエールをおくる押しかけ応援団的なノリだったのかもしれない。

だから「晩餐」の席も、多くの画家が描いたようなしめやかな雰囲気ではなく、食卓につくイエスと弟子たちのまわりを巡礼客がかこみ、群衆は家の外にまであふれていただろうと遠藤はいう。まるで大スターの記者会見のように、である。

そうした熱気につつまれながら、イエスはなにを考えていたのか。

エルサレムに上ってからこの数日間、イエスは自分をとり囲む群衆や巡礼客と袂を分たねばならぬ瞬間が来ることを覚悟されていた。彼は愛のメシヤではあったが民衆の期待するような政治的なメシヤとは全く関係がなかった。彼は人間の永遠の同伴者たることを切に願われたが、人間の地上の指導者になることは考えられもしなかった。それゆえに、自分を誤解して支持している群衆、巡礼客とこの晩餐を最後にして、別れねばならぬ時が今、来たと思われたのである。それが「最後の晩餐」の重要なモチーフだったのである。

そんな師の心も知らず、弟子たちは多くの支持者にかこまれてすっかり舞いあがっていた。彼らはそこで、弟子のなかでだれがいちばんえらいか、などということを唾をとばしていいあらそっていたのである。

イエスはかなしんだ。なさけない弟子をいましめると、ふたたび〝神の愛〟について説きはじめた。

夕暮は今や夜に変りつつあった。群衆はイエスの愛の教えが何もわからなかった。彼等はただ自分たちの期待を彼が拒んでいるのを知った。（中略）その期待が大きかっただけに、幻滅感はイエスにたいする憎悪となった。

イスカリオテのユダが、ここでおそらく群衆の声を代表してイエスに反駁したであろう。師よ。あなたは神が愛だと言われる。だがこの苛酷な現実に神の愛はどこにあるのでしょう。現実には神は黙っているか、怒りしかみえないのです。師よ。あなたは愛ほど高いものはないと言われる。しかし人間は愛よりも今日、効果あることが欲しいのです。現実に役にたつことしか願わぬのです。それが人間なのです。そう言うユダも心理は複雑だった。彼は自分の反駁が師のかたい決意を覆すことはできぬと前から知っていた。知っていながら彼はそう言わざるをえなかったのだ。彼自身を苛むために。今日まで従ってきた自分を傷つけるために……

イエスはユダにこたえる。

「いきなさい。おまえのしたいようにするがいい」

その言葉にカッとなったユダは席を立ち、部屋をでていった。ユダにつづいてイエスに幻滅した巡礼客たちも去っていった。

空虚なしずけさが部屋をつつんだ。ペトロがさけぶ。

「師よ、私はあなたと心中する覚悟です！」

「いや、おまえは今夜、一番鶏が啼くまえに三度、私を知らないというだろう」

イエスは人間の裏切りには馴れていた。（中略）今、ユダたちが去り、ペトロと僅かの弟子たちがこのささやかな場所に残ってはくれたものの、あと数時間後に起るであろう悲劇の際には、彼等もまた自分を棄てることも予感されていた。

だがその弟子たちの弱さを救うのは自分の死だけである。イエスは自分の死までの弟子たちの弱さを肯定はされたが、同時に、おのが死によってこの弟子たちが結束することにすべてを賭けられていた。

そのころ大祭司カヤパは、群衆のひとりとして「晩餐」の家に送りこんだスパイから巡礼客がイエスを見棄てたという報告をうけていた。これでもうイエスを逮捕しても大丈夫だ……。

そしてイエスは、自分を憎む巡礼客が弟子たちにも危害をくわえることを案じて、彼らにこういったという。

「上着を売って剣を買いなさい。自分の身をまもるために」

とことんやさしい男である。

腰を浮かし、イエスに反論するユダ。
マルティン・ショーンガウアー《最後の晩餐》 1480年頃　油彩、板　116 × 114cm
Musée d´Unterlinden, Colmar

死へのカウントダウン

「オリーブ山の祈り」

迫りくる運命の時を、ひとり苦悩の祈りを捧げつつ待つイエス。
弟子たちは熟睡、右手からはユダを先頭に神殿警備隊が……。
アンドレーア・マンテーニャ《オリーブ山の祈り》1455年
テンペラ、板　63×80cm　National Gallery, London

何も知らず、眠っている
弟子たちから離れて、
自分の孤独を
噛みしめられながら、
彼だけ、間もなく
襲ってくるものへの
恐怖と闘われた。

最後の食事を終えたイエスは、自分のもとに残った弟子たちを連れて町を出、城外のオリーブ山の麓へ向かった。そこは墓地とオリーブ畠となっており、ヘブライ語で搾油所を意味するゲッセマネと呼ばれる場所だった。

ゲッセマネからはエルサレム神殿とエルサレム城壁が真向いに見える。既に夜はふけて明日から始まる過越祭に集まった巡礼客たちも山のあちこちで眠りにつき、静寂な星空の下にただ神殿の巨大な建物と高い城壁とが威嚇するように黒々とそびえていた。弟子たちはオリーブ林につくと幹の下にそれぞれ身を横たえた。彼等はさきほど袂をわかったユダ・グループが何をしたかを全く考えもしなかった。おそらくイエスだけが、自分に幻滅した者たちがどのような行動に出るかを予想されていたのである。

イエスは孤独だった。彼が迫りくる運命に脅え、必死に不安と闘っているというのに、弟子たちは「石を投げて届く」ほど近くですっかり寝入ってしまった。イエスは一度、一番弟子であるペトロを起こしたが、彼はまた眠ってしまった。イエスの苦しみに気がつき、ともに祈りを捧げようとする者は誰ひとりいなかった。

彼等がなぜ眠りこけてしまったのかは私にもよくわからない。事態がここまで急迫し、カヤパが即刻、イエスの逮捕に乗りだすとは思っていなかったのだろうか。それともこの数日は宿泊していたベタニヤのシモンの家を避けて、たびたび集合場所としていたこのオリーブ山の麓に今夜、ひそかに一夜を送ることで気をゆる

していたのだろうか。

ルカ福音書には、たった一人で死の不安と闘うイエスの苦悩の叫びが次のように書かれてある。

「『父よ、御心なら、この杯をわたしから取りのけてください。しかし、わたしの願いではなく、御心のままに行ってください。』……イエスは苦しみもだえ、いよいよ切に祈られた。汗が血の滴るように地面に落ちた」

この数カ月の間、彼は自分の死を決意したが、その死が今、迫ってくるのは辛かった。なぜなら彼の死は愛のための死だったから、もっとも惨めで、みすぼらしい形で来るにちがいなかったからであ

オリーブ山の麓にあるゲッセマネの園。
イエス時代のものといわれる老樹が数本残っている。
Photo: Erich Lessing/PPS

る。自分を愛してくれる者のために死ぬのは容易《やさ》しい。しかし自分を愛してもくれず、自分を誤解している者のために身を捧げるのは辛い行為だった。英雄的な華々しい死に方をするのは容易しい。しかし誤解のなかで人々から嘲《あざけ》られ、唾はきかけられながら死ぬのは最も辛い行為である。やがて自分におとずれる死はこのもっとも辛い行為——英雄的でもなく、美しくもなく、人々の誤解と嘲りと唾のなかで死んでいくことであり、犬の死よりも更にみじめで醜悪な形をとることをイエスはこの時、知っていられたからである。

（中略）永遠に人間の同伴者となるため、愛の神の存在証明をするために（中略）人間の味わうすべての悲しみと苦しみを味わわねばならなかった。もしそうでなければ、彼は人間の悲しみや苦しみをわかち合うことができぬからである。人間にむかって、ごらん、わたしがそばにいる、わたしもあなたと同じように、いや、あなた以上に苦しんだのだ、と言えぬからである。人間にむかって、あなたの悲しみはわたしにはわかる、なぜならわたしもそれを味わったからと言えぬからである。

一方、監視員から「最後の晩餐」でのイエス・グループ分裂の知らせを受けた大祭司カヤパは、ただちに議員の召集を命じた。おそらくカヤパは小躍りしたことだろう。彼と衆議会がこの数日間、イエス逮捕に踏み切れなかったのは、巡礼客や民衆のイエス支持の声を無視できなかったからだ。ところがそのカヤパの官邸をイエスを見棄てた群衆がとり囲み、ユダが出頭してきた。そしてイエスと訣別したことを訴え、イエスのユダヤ教への異端的なすべての発言にたいし証人になることと逮捕への協力を約束した。報酬は銀貨三十枚だった。奴隷ひとりの値段と同じであり、決して高い額ではない。

もうイエスは支持者を失った。イエスを逮捕しても巡礼客たちの暴動は起きないだろう。民衆の関心は今日からはあのナザレの男よりは獄中につながれている反ローマの運動者バラバ釈放に集中するだろう。

そのためにはイエスを身代りにしてバラバ釈放をユダヤ知事ピラトに要求する案はどうだろう。ユダヤ全体の治安と衆議会の権力を維持するためにはイエス一人を犠牲にするぐらい何だろうか。

ユダヤ律法によると、過越祭が本格的にはじまってしまえば裁判はできない。逮捕と裁判は至急、決行しなければならない。このカヤパの提案が緊急会議で可決されると即、神殿警備隊がゲッセマネへ向かった。そこにイエスたちがいることを教えたのはもちろんユダである。

オリーブ山からエルサレムの町へ下りていく古道。
前方にはイエスが「エルサレム入城」のときに通ったと
伝えられる〝黄金門〟が見える。
Photo: Erich Lessing/PPS

ユダの裏切り、ペトロの否認

イエスはこの男！ 逮捕の合図となった〝裏切りの接吻〟。
ジオット・ディ・ボンドーネ《ユダの接吻》
部分　1303～05年　フレスコ　200 × 185cm
Cappella Degli Scrovegni, Padova　Photo: W.P.S.

オリーブ山の麓で祈るイエスの眼に、槍やたいまつの列が近づいてくるのが見えた。ほどなく林に侵入してきたユダヤ教の神殿警備隊の群れのなかから一人の男が歩み出る。ユダである。

「師《ラビ》よ。安かれ」

ユダのイエスへの接吻が合図だった。人々はイエスにおどりかかる。弟子の一人（ヨハネ福音書ではペトロ）が神殿警備員の耳を切り落としたが、イエスは声を上げてそれをとめた。弟子たちは恐怖のあまり逃走し、男たちはイエスを囲んで暗い夜空にそびえる城塞に戻っていった。あっけないほどの逮捕だった。

オリーブ林のなかを四散した弟子たちはまだ恐怖にかられていた。彼等はイエスが何も手を出さず、従順に引かれていったのにも驚いたが、それよりも自分たちが今危険な状態にあることに気づき、恐怖のあまり、どうしてよいのかわからなかった。夜があければ衆議会は自分たちをイエスの一味として探しまわるにちがいない。彼等はそれが怖ろしかったのである。

その夜、イエスが捕らえられているユダヤ教の大祭司カヤパの官邸を、ペトロが訪れた。ヨハネ福音書によれば、大祭司の知り合いだった弟子が仲介したものという。人々に見とがめられたペトロは、イエスの一味として詰問されるが、彼はイエスのことは何も知らぬと「烈しく誓った」。最後の晩餐での師の予言通り、この弱き弟子は、一番鶏の鳴く前に三度イエスを否認したのだった。

実はこの時、ペトロは弟子たち全員を代表し、イエスとともに裁判を受けたのではないか。そして、衆議会の議員祭司の前で、自分たちの身の安全と引き換えに、師を否認したのではなかったか。

イエスを否認することを烈しく誓約したため、またヨハネ福音書に書かれている仲介者のとりなしで、衆議会と弟子グループの妥協は成立した。弟子たちの罪はすべて不問に附され、彼等はその後の追及をまぬがれたのである。言わばイエスは全員の罪をいっさい背負わせられる生贄《いけにえ》の仔羊となられたのだ。

「主はふりむいてペトロを見つめられた。その時、ペトロは……主の言葉を思い出し、外に出て烈しく泣いた」

これはおそらくペトロだけの慟哭ではなかったのである。ペトロと衆議会との取引きをベタニヤで待っていた弟子たち全員の烈しい感情の表現である。彼等はイエスを見棄て、否認することによって捕縛からまぬがれ、命を助けられた。そのやるせない、言いようのない悲しさと自己軽蔑と屈辱との感情がこの一行ににじみでている。

一方、この裁判に証人として立ちあったであろうユダは、イエスが死刑の宣告を受けた時、「我、無罪の血を売れり」と

大祭司官邸で「イエスなど知らぬ」と偽るペトロ(右)。
ヘリット・ファン・ホントホルスト《ペトロの否認》
1620～25年頃　油彩、カンヴァス　110.5×144.8cm
The Minneapolis Institute of Arts

言って、カヤパからもらった銀貨三十枚を返そうとした。彼は師が死刑になるとは思っていなかったか、イエスの助命を条件に警備隊員に引き渡すという約束を

カヤパに裏切られて愕然としたか、そのいずれかである。銀貨の返却をカヤパに一蹴されたユダは、それらを官邸の庭に投げ棄て、城外に出て首をくくった。

ペトロたちはイエスを見棄てただけではない。
はっきり言えば、ユダと同様に裏切ったのである。

この人を見よ！
さらし者イエス

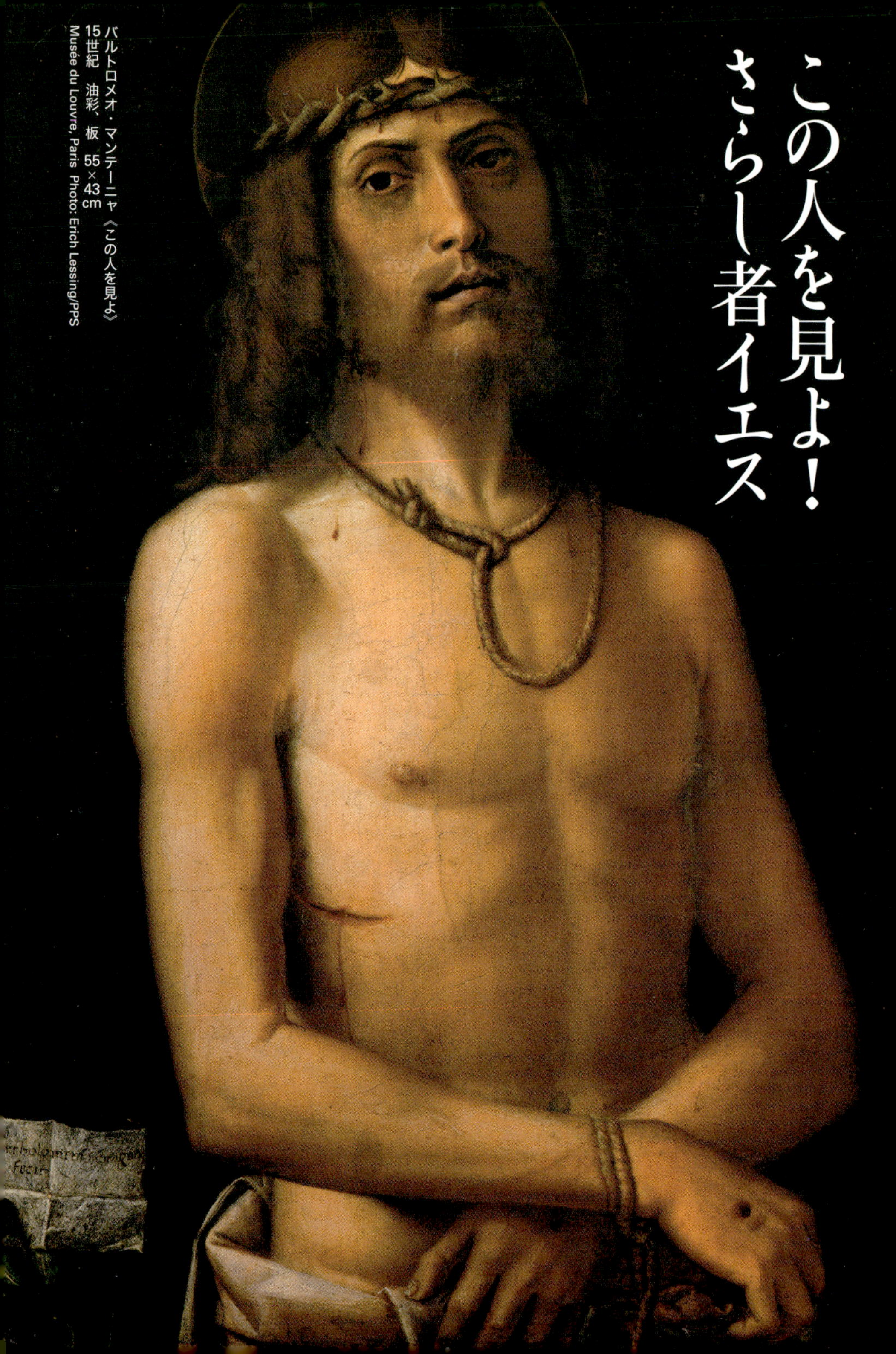

バルトロメオ・マンテーニャ《この人を見よ》
15世紀　油彩、板　55×43cm
Musée du Louvre, Paris Photo: Erich Lessing/PPS

ユダヤ教の大祭司カヤパの官邸に連行されたイエスは、その夜のうちにカヤパを議長とする衆議会の裁判を受けた。これは初めから死刑を前提とする名ばかりの裁判であった。衆議会の議員たちは、ローマから派遣されているユダヤ知事ピラトにイエス処刑の承認を迫る。この日、イエスの生地であるガリラヤの分国王ヘロデも過越祭のためにエルサレムに滞在中であり、彼等の官邸をたらい廻しにされたイエスは、再びピラトのもとに差し戻された。事を穏便におさめようとしたピラトは、イエスの特赦を衆議会の議員らに提案したが、昼近くになり、彼の官邸に群衆が押しよせてきたことで事態は一変する。

この群衆がたんなる群衆だったのか、それとも衆議会があらかじめ用意しておいた一種のデモ隊だったのかは聖書に記述されていないから我々にはわからない。だが昨夜「最後の晩餐」の時群衆はイエスに幻滅し、その幻滅が憎悪に変ったことを私は既にのべた。それらの群衆が今ピラト官邸に押し寄せた。彼等は無力な愛を説くイエスよりも現実の革命家バラバを釈放したかったからである。

バラバは、反ローマの一揆を起こし逮捕されていた政治犯である。彼を支持する愛国主義者たちがその救出のために暴動を起こせば、ピラトの知事としての地位は危うくなるだろうし、カヤパの率いるユダヤ衆議会もローマに弾圧されるだろう。ピラトと衆議会の利害は一致した。イエスよりもバラバを釈放するほうが得策だと考え直したピラトは、ヨハネ福音書によれば、イエスを人々の前に引き出し、「この人を見よ」と言った。

「汝等は二人のうち、何れを許さんことを望むか」（ピラト）
「バラバを……」（群衆）
「汝、もしこの人を許さば、皇帝《セザル》の友に非ず」（これはおそらく議員の言葉であろう）
「しからばキリストといえるイエスを我、いかに処分せんか」（ピラト）
「十字架につけよ」（群衆）

共観福音書とヨハネ福音書に書かれたこれらの会話は、舞台劇のそれと同じように迫力がある。議員たちは知事ピラトの弱みをついて、もしイエスを処刑せねば、ローマ皇帝の友と言われないぞと脅迫した。知事としての地位を失うことを何よりも怖れたピラトには、この脅迫の声はたしかに効果がある筈である。

ピラトはピラトでイエス処刑の責任を一切ユダヤ人になすりつけるためにも、その処刑方法まで群衆に訊ねている。そうすれば、あとになって自分の上司であるシリヤ総督に陰険なユダヤ衆議会が讒《ざん》訴《そ》することができなくなるからだ。この両者の質問と応答の背後には両者それぞれの思惑がにじみでていて、実に迫力がある。

群衆はイエスに十字架刑を要求した。

前日まで彼の話に耳かたむけていた群衆でさえ、今は逆に、この「何もできなかった」男に罵声と嘲笑とを浴びせるだけである。

おそらく、これはカヤパと衆議会議員の教唆煽動によるものであろうが、十字架刑は元来ユダヤ人たちの処刑方法ではなく、ローマの刑罰方法である。（中略）普通、ユダヤ人とその衆議会が宗教的異端者に加える死刑方法は（衆議会は当時、ローマから死刑宣告権は与えられてもその実行権は奪われていたにせよ）石打ち刑であって十字架刑ではない。たとえば原始キリスト教団の一人、ステパノが石打ちによって殺害された（使徒行伝、七ノ五十七―五十八）のも、彼がユダヤ教にとって異端者だと見なされたからである。

だから「十字架につけよ」というこの時の衆議会議員と群衆の答えは、我々として見のがすわけにはいかない。言いかえれば、これはイエスを異端者としてではなく、政治犯として処刑せよという要求である。石打ちではなく、十字架刑執行を求めるのはイエスを宗教異端者として殺そうとはせず、反ローマ運動の政治犯として抹殺しようとすることに他ならぬ。

なぜか。（中略）大祭司カヤパは計算しておいたのである。政治革命家はやがては人々の記憶から消える。だがイエスのように政治を無視した愛を説いたものは人々の心に語り伝えられるだろう。イエスはユダヤ人の記憶から消さねばならぬ。カヤパはユダヤ教を脅かすものとして、この時、イエスの教えを無視できなくなっていたのである。

バラバを釈放したピラトは、イエスを鞭うたせた後、兵士たちに任せた。彼らはイエスの衣服をとって赤い衣と茨の冠を着けさせ、右手に葦を持たせて唾などして嘲弄した。首には「ユダヤ人の王、ナザレのイエス」という罪標、背には十字架を担ったイエスが、いま死に向けて歩みはじめる。

知事ピラトの官邸で、押しかけたユダヤ人の前に引き出されるイエス。群衆はピラト（イエスの隣で右手を挙げる人物）にイエスの磔刑を要求する。
クエンティン・マセイス《この人を見よ》
1520年頃　油彩、板　160×120cm
Museo del Prado, Madrid

処刑地ゴルゴタへ「十字架の道行」

ヒエロニムス・ボス《十字架を担うキリスト》
1515～16年　油彩、板　74×81cm
左下の女性は聖女ヴェロニカ。彼女がイエスに汗をぬぐうようにと差し出した布には、イエスの顔貌が写しとられたという。
Museum voor Schone Kunsten, Gent

一睡もされていない彼は十字架の重みによろめき、幾度も倒れ、倒れてはローマ兵の怒声と鞭の音のなかで、ふたたび蝸牛《かたつむり》のようにのろのろと進まれたことであろう。

神殿の丘の西側に、イエスの時代から残る古い石段。
Photo: Erich Lessing/PPS

イエスは結局、無力なままだったのか。神は沈黙し、空は鈍く、イエスの死は結局、現実に無能な役たたずの男の死にすぎなかったのか。

ローマ兵に引立てられ、イエスと二人の政治犯（盗賊）は、狭く曲がりくねった路をよろめきながら進んでいった。刑場の「髑髏《ゴルゴタ》の丘」へ至るまでの、見せしめのための引き回しである。重さ約七十キロの十字架が、一睡もしていないイエスの瘦せた肩に食いこむ。幾度も倒れる彼にローマ兵の怒声と鞭が襲いかかり、人々の罵声と嘲笑が浴びせられる。かつて数々の奇蹟を起こした男はいまや何もできない無力な存在に過ぎなかった。

だが我々は知っている。このイエスの何もできないこと、無能力であるという点に本当のキリスト教の秘儀が匿《かく》されていることを。そしてやがて触れねばならぬ「復活」の意味もこの「何もできぬこと」「無力であること」をぬきにしては考えられぬことを。そしてキリスト者になるということはこの地上で「無力であること」に自分を賭けることから始まるのであるということを。

ヤン・ヴァン・エイク《キリストの磔刑》
部分（全図は49頁）　1438～40年頃
テンペラ・油彩、板（カンヴァスに移行）　56.5×19.7cm
The Metropolitan Museum of Art,New York

ゴルゴタの丘にたどりついたイエスと二人の囚人は、手と足に釘打たれ、十字架にかけられた。時は真昼になっていた。四人のローマ兵は、イエスの服を裂いて各自にわけ、下着はくじ引きにしたという。受刑者の意識を麻痺させるため、苦味入りの葡萄酒を飲ませるのが当時の習慣だったが、イエスはそれを拒絶した。まるで、人間のすべての苦痛を味わいつくそうとするかのように。

　大祭司カヤパと衆議会議員、ローマ兵らが十字架をとり囲み、残酷な好奇心にみちた見物人たちがそれを遠巻きにしていた。イエスに従ってきた女性たちだけが、うちのめされた絶望感に両手で顔を覆い、それでもまだ最後の奇蹟を待っていた。

　午後三時、三時間の言語に絶する苦悶の末、イエスは息を引きとった。兵士の一人が槍でイエスの死体の脇口を開くと、少量の血と水とが流れでた。ついに奇蹟は起こらず、「無力な男」は死んだ。

　しかしこのイエスの死を、弟子たちは誰一人として眼にすることはなかった。昨晩、師の命と引き換えに、自らの身の安全をえた彼等は、すべてのほとぼりのさめるまでエルサレムの近郊にひそみ、情報が伝わるのを息を殺して待っていたのだ。

　彼等がこの時、一番、怖れたのは十字架での師の怒りであり呪詛《じゅそ》だった。自分を見棄て、裏切った弟子にたいして師が神の罰を求めることだった。（中略）

　イエスは何を語るだろうか。彼等は待っていた。そして遂にその日の午後イエスの最後の言葉を知った時、それは彼等の想像を超えたものであった。

「主よ、彼等を許したまえ。彼等はそのなせることを知らざればなり」

「主よ、主よ。なんぞ我を見棄てたまうや」

「主よ、すべてをみ手に委ねたてまつる」

　十字架上での三つの叫び――この三つの叫びは弟子たちに烈しい衝撃を与えた。

　イエスは弟子たちに、怒りの言葉をひとつさえ口に出さなかった。彼等の上に神の怒りのおりることを求めもしなかった。罰を求めるどころか、弟子たちの救いを神にねがった。

　そういうことがありうるとは、弟子たちには考えられなかった。だが考えられぬことをイエスはたしかに言ったのである。十字架上での烈しい苦痛と混濁した意識のなかで、なお自分を見棄て裏切った者たちを愛そうと必死の努力を続けたイエス。そういうイエスを弟子たちは初めて知ったのである。

　それだけではない。イエスは彼の苦痛、彼の死にたいして沈黙を守りつづけている神にたいしても詩篇二十二篇のダビデの歌から始まり、その三十一篇に続く全面的信頼の言葉を呟きながら息を引きとったのである。「主よ、主よ。なんぞ我を見棄てたまうや」という言葉は決して絶望の叫びではなかった。それは「すべてをみ手に委ねたてまつる」という信頼の呟きにつながる始まりにすぎぬ。弟子

たちはこの詩篇を熟知していたから、イエスがどういう気持であったかが、よくわかったのである。

　こんな人を弟子たちはかつて知らなかった。同時代の預言者は多かったが、こんな呟きを残しつつ、息たえた者はなかった。過去の預言者たちにもこれほどの愛とこれほどの神への信頼を持った人はいなかった。

　弟子たちは事実、言葉では表わせぬ烈しい驚愕と衝撃を受けたのである。（中略）

　弟子たちはその時、はじめて、わかりはじめた。生前、イエスが語っていたことが何であったかを。ガリラヤ湖畔のみじめな部落や村をさまよい歩きながら、イエスと共に過した日々、霧に覆われたように真意を掴みかねた教えや謎のような話が。それらを通してイエスが何を言いたかったのかが、今、少しずつ彼等にも理解できるような気がした。イエスが語ってやまなかったことが何だったかは、この十字架上の三つの言葉を聞くだけで充分だった。

　そしてまた、彼等は自分たちがイエスをどのように誤解していたかも悟った。現実には力のなかったイエス。奇蹟など行えなかったイエス。そのため、やがては群衆から追われ、多くの弟子さえも離れていった無力だった師。だが奇蹟や現実の効果などよりも、もっと高く、もっと永遠であるものが何であるかを、この時、彼等はおぼろげながら会得したのである。

イエスはその愛を言葉だけでなく、
その死によって弟子たちに見せた。
「愛」を自分の十字架での
臨終の祈りで証明した。

ゴルゴタの丘。当時、エルサレムの処刑場だった
この場所の名は「髑髏」という意味。
撮影＝白川義員

「復活」——師よ、おゆるしを

ピエトロ・ペルジーノ《墓で起きあがるキリスト》
1472～73年　油彩、板　30.2×28.2cm
Musée du Louvre, Paris Photo: Erich Lessing/PPS

イエスが死んだ翌々日の早朝、三人の女がイエスの死体に香料を塗るため、その墓を訪ねた。ところが墓の入口をふさぐ石は転がされ、死体は消えていた。墓の中に座っていた少年(天使)は言う。「驚かなくともよい。イエスは復活なされ、もうここにはおられない」

聖書はここからイエス「復活」の話を進めてゆくが、その背景として、弟子たちがイエスの死から受けた驚愕と衝撃をもとに、新たに師を理解し始めていたことを忘れてはならない。

それまで知らなかった、気づかなかった、誤解していた師を再発見したこと――それが彼等の出発点となる。イエスは現実には死んだが、新しい形で彼等の前に現われ、彼等のなかで生きはじめたのだ。それは言いかえれば彼等の裡《うち》にイエスが復活したことに他ならない。まこと復活の本質的な意味の一つはこの弟子たちのイエス再発見なのである。

現世では無力だったイエス。何もできなかったイエス。ガリラヤの民衆から追われ、弟子たちからも棄てられ、十字架上で犬のように惨めな死をとげたイエス。だが今、すべての価値が転換した。無力なる人は最も力ある方に変り、棄てられ追われた人は最も迎えられる方に転じたのだ。イエスの山上の説教の言葉を借りるならば、心貧しきものこそ祝福され、泣く人こそ神から慰められるのだというキリスト教の持つ根本的な価値の転換が、この時から弟子たちの心にも始まったと言えよう。

そして弟子たちは遂に甦ったイエスを見た。長い苦しい夜があけて朝が来たのである。イエスはペトロに現われ、肉親の一人であるヤコブを含む他の弟子たちにも現われ、また最も古い復活報告を書いたポーロによれば「五百人以上の兄弟たちに一度に現われた」。イエスはエルサレムに現われ、エルサレムからエマオに行く路に現われ、ガリラヤ湖畔の岸に現われた。イエスがその処刑後「三日後に甦った」という日附など、ここでは問題ではない。三日と言うのは(中略)象徴的な数字にすぎぬ。イエスの現われがその死後、半年後でもいい。一年後でもいい。弟子たちの期待の夜はもっと苦しく、長かったと私は考えている。

このイエス顕現(イエスの現われをキリスト教用語ではこう呼ぶ)は長い苦しい夜を送った弟子たちの宗教体験である。この深い宗教体験がどのようなものだったかは、我々には誰もわからない。なぜならこのような体験は言葉では決して言いあらわせぬことぐらいは我々も知っているからである。(中略)彼等がこの体験を具体的に語らなかったことは、イエス顕現の具体的な描写が長い間、資料のどこにもなく、現存する最初の証言であるポーロの「コリント人への手紙」もイエスが現われたというだけの描写ぬきの言葉で語っていることでもわかる。

イエスの顕現が具体的に描写されるのは、後世の福音書においてであり、それ

イエスは現実には死んだが、新しい形で
彼等の前に現われ、彼等のなかで生きはじめたのだ。

らは後になって作られた逸話とされる。しかし、そうした逸話もやはり、言葉では語れぬ弟子たちの体験を核として作られたはずである。たとえば「エマオの旅人」の話――クレオファという弟子がもう一人の仲間とエマオ村に戻る途上、イエスの死を嘆き、自責の念に苦しみながら歩いていると、「イエス御自らも近づきて彼等に伴い居たまえり」とルカ福音書は記す。

「彼等に伴い居たまえり」という言葉には自分を見棄てた弟子を許し、彼等の歎きや苦しみをわかち合おうとするあの人のイメージがはっきりと出ている。あるいは同伴者イエスは死後も自分たちのそばにいるという弟子たちの宗教体験が強く反映しているのだ。

ガリラヤという、小国ユダヤの更に小さなパレスチナの田舎に育った大工は、その短い生涯において弟子たちには遂に摑みえなかったふしぎな師だった。彼が何者であるかを彼等は師の死まで理解できなかった。弟子たちが彼を摑めなかったのは生きている間、我々が人生が何かを理解しえないのと似ているのかもしれぬ。なぜなら彼は人生そのものだったからである。更に我々が生きている間神を把《とら》えられぬように、弟子たちにとってイエスはふしぎな人だったのである。彼の生涯は愛に生きるだけという単純さをもち、愛だけに生きたゆえに、弟子たちの眼には無力な者とうつった。だがその無力の背後に何がかくされているかを彼等が幕をあげて覗くためには、その死が必要だったのである。

〝復活〟したイエスは、信ずる者たちの
永遠の同伴者となった。
レンブラント・ファン・レイン
《使徒の前に現れたキリスト》
1656年　エッチング　16.2×21cm
Graphische Sammlung Albertina, Wien

第二部

「十二使徒」列伝

ヨハネは"釜ゆで"に
されるも生還

ペトロはローマで逆さハリツケ

弱虫で卑怯者だった彼等（弟子たち）はもう死も怖れない。肉体の恐怖に尻ごみもしない。イエスのためにひたすら苦渋の旅を忍び、ひたすら迫害に耐える。

［右頁］クエンティン・マセイス
《釜でゆでられる福音書記者ヨハネ》
1508～11年　油彩、板　260×120cm
Koninklijk Museum voor
Schone Kunsten, Antwerpen
［左頁］マザッチオ《聖ペトロと洗礼者聖ヨハネの殉教》
（ペトロの殉教部分）　1426年
テンペラ、板　21×61cm
Staatliche Museen zu Berlin

「師と同じではおそれ多い」と X型の十字架で死んだアンデレ

バルトロメー・ムリーリョ《聖アンデレの殉教》
1675〜80年頃　油彩、カンヴァス　123×162cm
Museo del Prado, Madrid

マタイは布教先で凶刃にたおれる

カラヴァッジョ《聖マタイの殉教》
1599〜1600年頃　油彩、カンヴァス　323×342cm
Cappella Contarelli, San Luigi dei Francesi, Roma

ヤコブは王の策略で
打ち首に

バルトロマイはインドで
皮はぎの刑に

ピリポはアジアで
ハリツケ&石打ち

[右頁]フランシスコ・リバルタ《聖ヤコブの斬首》1603年
油彩、板 200×130cm Igl Parroquial, Algemest
[上]ホセー・デ・リベーラ《聖バルトロマイの殉教》
1624年 エングレーヴィング、エッチング 32×24cm
Graphische Sammlung Albertina, Wien
[左]ホセー・デ・リベーラ《聖ピリポの殉教》1639年
油彩、カンヴァス 234×234cm Museo del Prado, Madrid

Peter

ペトロ

漁師あがりの一番弟子　師から〝天国の鍵〟を
授かりヴァチカンの初代教皇となる

ヴァチカンのサン・ピエトロ大聖堂前には、16～17世紀の彫刻家ベルニーニの弟子による〝天国の鍵〟を持ったペトロ像が立つ。
撮影＝松藤庄平

徹夜で漁をしてもダメだったのに、イエスにしたがい網を打つと大漁！
ラファエロ・サンティ《奇蹟の漁り》　1515年　水彩、紙　319×399cm
The Victoria & Albert Museum, London

ペトロにはエピソードがいろいろある。ユダをのぞけば、十二人の弟子（十二使徒）のなかでいちばん有名かもしれない。

なんといっても彼は初代教皇である。いまのヨハネ・パウロ二世まで三〇三人が名をつらねるローマ教皇の元祖である。ペトロを祀るカトリックの総本山、ヴァチカンのサン・ピエトロ大聖堂の威容をみると、イエスに弟子入りする前の彼（もとは漁師だった）とのギャップに、ちょっとびっくりする。

ガリラヤ湖畔の漁師町で、妻と姑とともに暮していたペトロがイエスと会ったのは三十代のなかばである。ガリラヤ湖の岸辺で、彼は弟のアンデレと漁をしていた。

前の晩、徹夜で網を打ったにもかかわらず、魚は一匹もとれない。ふたりはくさっていた。そこにイエスがとおりかかる。

「あっ、イエスさんだ。兄さん、あの人だよ、このあいだ僕が話したのは」

すでに布教をはじめていたイエスの話をアンデレはきいたことがあった。すっかり感心し、すぐに弟子入りしていた。

ふたりに気づいたイエスが舟にのりこんできた。漁がうまくいかないとこぼすふたりに、イエスは「沖にだして網を打ちなさい」という。

むだだよ、と内心で思いながらペトロが網を打つと、うそのような大漁である。あぜんとするペトロにむかってイエスは「これからは魚じゃなく、人をとる漁師になりなさい」とすすめた。ようするに自分の弟子になれということである。

ペトロの本名はシモンである。ペトロというのは〝岩〟という意味で、イエスがつけた仇名である。なにがあっても動じない、岩のような人になりなさいということだろうか。だがペトロはなかなか〝岩〟になれなかった。

嵐の湖上を歩くイエスをまねして沈みかけるペトロ。
フィリップ・オットー・ルンゲ《湖面を歩くキリスト》
1806年　油彩、カンヴァス　116×157cm
Hamburger Kunsthalle

ある日の夕方、やはりガリラヤ湖での話である。説教を終えたイエスは弟子たちに、ちょっとひとりになりたいから、さきにむこう岸へわたっているようにといった。弟子たちをのせた舟が沖へでると、なんとつぜんの嵐である。舟は大揺れ、ペトロら弟子たちはオタオタするばかりである。

そこにイエスがあらわれた。でもヘンだ。水のうえを歩いてくる。お化けじゃないか、とこわがる弟子たちにイエスは「安心しなさい。私だ」とよびかけた。ペトロがさけぶ。「ほんとうにあなたなら、私もそこへいかせてください」

「きなさい」

案の定、ペトロは沈む。イエスは彼をたすけながら「なぜ疑った。私を信じていれば沈まなかったはずだ」という。

が、ふつうなかなかそこまでは信じられない。舟をおりてイエスのそばにいこうとしただけでもたいしたものかもしれない。

イエスもそんなペトロの〝純情〟を高く買っていたようである。

ペトロはイエスをはじめてキリスト（救い主）とよんだ。彼のことだから単に心のままにそういってみたのかもしれないが、その言葉をきいたイエスは「おまえは岩だ。私はこの岩のうえに教会を建てよう」という。そして〝天国の鍵〟、つまり天国の門をひらくための鍵をペトロに授けた。栄えある初代教皇の座はこのとき約束されたのである。ペトロの肖像がいつも〝鍵〟をもっているのはこの逸話による。ついでにいえば十二使徒（ユダ以外）はみんな生涯のエピソードにもとづく持物をもっている。シンボルマークのようなものだ。

ペトロに〝鍵〟をたくしたイエスは自分の死について語った。ペトロは師の話をさえぎり「そんなはずありません！」とさけぶ。するとイエスに「だまれ、サタン！」とこっぴどく叱りつけられてしまう。

いろいろ欠点はあるけれど、ペトロはにくめない男だった。「最後の晩餐」のまえにイエスは弟子たちの足を洗う。当時は食事のまえに足を洗う習慣があったが、それはいやしい者の仕事とされていた。自分の番がきたときペトロは「とんでもありません」と師をこばんだ。するとイエスは「そうか。ならおまえとの縁もこれまでだな」というのである。大あわてのペトロは「えっ、それなら足だけじゃなく手も頭もぜんぶ洗ってください」とイエスにせまるのだった。

彼がイエスを裏切る話はすでに紹介し

ペトロがイエスと出会ったガリラヤ湖。
Photo: Erich Lessing/PPS

た［37頁］。イエスをつかまえた大祭司カヤパの家にペトロは弟子代表としてでむいている。そこで自分たちの命をたすけてもらうかわりに師を〝売った〟といわれている。カヤパの家で自分をみつめるイエスのかなしそうなまなざしを、ペトロは一生、忘れられなかった。後年になってもそのことを思いだしてはよく泣いたという。でもそのかなしみをバネにして、イエスの死後は弟子たちをひきいて宣教に文字どおり命をかけた。

こんな話がある。

イエスの死後、ペトロはふるさとのガリラヤにかえり、漁師の暮しにもどっていた。ヤコブやヨハネもいっしょだった。

ある朝、仕事を終えた彼らが岸にむかうと、そこにイエスがいる。〝復活〟もこれで三度目である。さっそく弟子たちはイエスをかこみ、魚を焼いてたべはじめた。するとイエスがペトロにいう。

イエス逮捕後「あんな男知らない」と否認したことを悔いて涙ぐむペトロ。
ジョルジュ・ド・ラ・トゥール《聖ペトロの涙》
1645年　油彩、カンヴァス　114×95cm
The Cleveland Museum of Art

「おまえはいまでも私を愛しているか」

「はい、もちろんです」「ほんとうに愛しているのか」「はい」「ほんとうにいまでも私を愛しているのか」

おなじことを三度もきかれたペトロはかなしくなってしまう。

「私があなたを愛していることはあなただって御承知でしょう」

「よし。では私の羊を飼いなさい」

〝羊〟というのはイエスを信じる者をさすらしい。つまりイエスはペトロに、リーダーとして信者たちをまとめていけといったのである。師の言葉をうけたペトロはエルサレムへもどり、布教にはげむことになる。

そして西暦六十七年、ペトロはローマにいた。永年、教団のトップとして多くの試練をクリアしてきた彼ももう七十代のなかば、信者もすこしずつだがふえてきた。

エルサレムで足なえの男を癒すペトロ（左）とヨハネ。
レンブラント・ファン・レイン
《神殿の門に立つペトロとヨハネ》
1659年　エッチング、ドライポイント、ビュラン
18・1×21・7cm
Graphische Sammlung Albertina, Wien

ときのローマ皇帝はネロである。弟を殺し、母と寝たあと彼女も殺し、妻を自殺させたとんでもない男である。そのうえお祭り気分でローマの街に火を放っている。さすがに市民も勘づいて、放火犯は皇帝じゃないかという噂が流れた。

困ったネロが眼をつけたのがキリスト教徒だった。異教徒のこいつらに罪をかぶせればいい……。

ペトロはつかまった。じつは一度、逃げたのだが、ローマをでる門でイエスとすれちがうのである。ペトロはおどろいてたずねた。

「クォ・ヴァディス?(どこにいくのですか)」

「十字架にかかるためにローマにいくのだ」

あのときとおなじだ。師はまた自分の身代りとして死のうとしている……。

ペトロは泣く。そしてすぐにひきかえし、逆さハリツケにされて死ぬのである[57頁]。

逆さハリツケはペトロが申しでたという。自分には師とおなじ十字架にかかる資格はない、という理由だった。

ローマで死んだペトロの墓のうえに建つのが、ヴァチカンのサン・ピエトロ大聖堂である。[編集部](以下[編])

マザッチオ《己の影を投じて病者を癒す聖ペトロ》 1424/25~27年
フレスコ 230×162cm
Cappella Brancacci, Chiesa di Santa Maria del Carmine, Firenze Photo: W.P.S.

Peter

ヴァチカンのサン・ピエトロ大聖堂最奥にあるペトロの司教座。手前ブロンズの天蓋ともども1620年代にベルニーニによって制作された。
撮影＝松藤庄平

［左頁］初代教皇ペトロを祀るサン・ピエトロ大聖堂には、弟アンデレの殉教姿も。撮影＝松藤庄平

Andrew アンデレ

ペトロの弟で裏方タイプの穏健派

マザッチオ《聖アンデレ》1426年
テンペラ・金箔、板 52・4×32・7cm
The J. Paul Getty Museum, Malibu

SANCTVS
ANDREAS
APOSTOLVS

アンデレはペトロの弟である。〝一番弟子〟ペトロの影にかくれて、アンデレの話はあまりのこっていない。十二使徒のうちとくにイエスが信頼した〝側近〟はペトロとヤコブ＆ヨハネ兄弟であり、アンデレはその三人とごく近しかったのにそこに入っていない。

イエスに会うまえ、アンデレは親友のヨハネとともに洗者ヨハネの弟子だった。師からイエスの評判をきいて会いにいき、その人柄にほれこんで弟子入りした。

そしてすぐ兄のペトロにイエスのすばらしさを話している。ペトロとイエスが出会うきっかけをつくったのもアンデレである。その後ペトロのはたした役割を思えば、アンデレの功績は大きい。

でも側近にはなれなかった。ヨハネとともに〝最初の弟子〟のひとりでありながら、ずっと「あのペトロの弟」で過ごした。

Andrew

バルトロメー・ムリーリョ《パンと魚の奇蹟》
1670～71年　油彩、カンヴァス　335×550cm
Hospital Caridad, Sevilla

きっとアンデレはそんなことどうでもよかったのだろう。不平ひとつ言わない。なにかにつけてだれがいちばんえらいかを口論する弟子たちのなかで、彼はめずらしくおだやかで控えめな男だった。ちなみにアンデレとは〝男らしい〟という意味である。主役ではないが渋いヤツという感じだったのだろう。

さて、そんなアンデレもいくつかエピソードをのこしている。まず「パンの奇蹟」から。

イエスの人気が絶頂だったころの話である。ガリラヤ湖畔で布教を終えたイエスのあとを五千人(!)の聴衆がついて歩いている。もう日暮れどき、そろそろ夕飯の時間だが彼らは家にかえろうとしない。

空腹でくたびれきっていた弟子たちははやいとこ群衆をかえして休みたいと思っていた。

ところが、イエスは賄い担当のピリポをよぶと「パンを彼らにあたえたいが、どこで買ったらいいだろう」ときく。

ピリポはこたえる。

「とてもムリです。そんなお金ありません」

そこでアンデレ登場である。待ってました！　といいたいところだがあんまりたいしたことはしない。弁当（五つのパンと二匹の魚）をもっていた少年をみつけて「なんかの足しにはなるかな」とイエスのもとへつれてきただけである。でもそれが奇蹟をよぶ。

イエスは少年のパンをちぎって人々にくばりはじめた。するとふしぎ、いくらちぎってもパンはへらず、五千人すべてにいきわたってしまったのである。

奇蹟に熱狂する人々の声を背に、イエスはひとりその場を去っていく。「人はパンのみにて生くるにあらず……」とつぶやきながら。ちょっぴりハードボイルド風である。

でもアンデレも後半生はけっこうハードボイルドな日々を送っている。

イエスの死後、アンデレはウクライナ地方で布教をしていた。あるとき天の声が「仲間のマタイを救え」という。マタイはエチオピアにいた。そこで人々のリンチにあい、両眼をえぐられて虫の息だった。しかし彼地に着いたアンデレが泣きながら祈るとマタイの傷は癒えた。おさまらないのは連中である。こんどはアンデレをしばりあげ、街中をひきずりまわした。血みどろになりながらも祈りつづけるアンデレの姿に、とうとう連中もキリスト教に回心——伝説である。

つづいてかなしい老人の話。

あるときアンデレのところに七十くらいの年寄りが相談にきた。

「先生、私はこの年になっても女が好きで好きでしょうがありません。こんなみだらな生活はよくないと思ってもどうしてもやめられないのです。このあいだも若い娘とコトにおよぼうとすると、その女が急に『さわらないで！』というのです。なにかと思えばたまたま私がもっていた福音書をみて気がとがめたらしいのです。私はハッとしました。このみだらな心を治してくれるのは先生しかいないと。なんとかしてください」

涙ながらに悩みを打ちあけられ、もらい泣きしながらきいていたアンデレはこたえる。「わかりました。あなたの心がまともになるまで、私は断食して祈りつづけます」

そして断食五日目、フラフラのアンデレのもとに天の声がとどく。

「アンデレよ、もういい。老人は救われるだろう」

アンデレはギリシャで死んだ。

美しいステンドグラスを背に立つアンデレ像。
Freiburg Cathedral, Breisgau　Photo: Erich Lessing/PPS

危篤だった知事の妻を奇蹟でたすけたところまではよかった。だが感激した妻がキリスト教に入信したことで知事は激怒する。新興宗教に家族をとられた者の怒り、はいまもよくある話である。

アンデレをとらえた知事はまず二十人がかりでふくろだたきにし、そのあと十字架にかけた。苦痛をながびかせるため釘を打たず、手足をしばりつけるやりかただった。

十字架上で二日間、生きていたアンデレは苦しみにあえぎながら見物人に説教をつづけたという。

彼の十字架はX型である［58〜59頁］。兄のペトロと同様、イエスとおなじ十字架ではおそれおおいという理由だった。彼の持物がX型の十字架なのはその殉教姿による。［編］

James
ヤコブ

魚屋のせがれは怒りっぽいが頼りになるスペインの守護聖人

［右頁］エルサレムで殉教したヤコブの遺体はひそかに舟にのせられ、スペインの海岸に流れついた。
《聖ヤコブの亡骸の移送》 15世紀
テンペラ・油彩、板 159×73cm
Museo del Prado, Madrid

［左頁］右手に巡礼の杖を持ち、背負う袋にはホタテ貝。
エル・グレコ《聖ヤコブ》
1590年頃 油彩、カンヴァス 138×79cm
Museo de Santa Cruz de Toledo

John
ヨハネ

イエス"最愛の弟子"はのちに福音書を記す

スペイン巡礼の途中で出会う《聖ヤコブ像》。右から2点はサンティアゴ巡礼路博物館。かつては沿道に祀られていた。左上はサン・マルティン教会の像。撮影＝野中昭夫（～85頁）

ヤコブもまた漁師だった男である。ペトロ、アンデレ兄弟とはよくいっしょに漁にでかける仕事仲間だった。〝奇蹟の大漁〟におどろいてペトロがイエスに弟子入りする一部始終を、ヤコブは仕事の手を休めてみていたのかもしれない。ペトロたちとわかれたイエスがヤコブの舟に近づき、ひとこと「私についてきなさい」というとすぐ弟子入りを決めた。

　ヤコブはヨハネの兄である。そしてふたりの母サロメはイエスの母マリアの従妹である。ということはヤコブとイエスは親戚になる。ヤコブ、ヨハネの兄弟がペトロとともにイエスの〝側近〟だったのはそのへんの事情もあるのかもしれない。

　親戚だけにこの兄弟はちょっとずうずうしかった。

　一行がエルサレムへむかう途中のことである。イエスは死を覚悟している。でも彼の人気が復活したころだから弟子たちは浮かれている。

　ヤコブとヨハネが黙々と歩きつづけるイエスに声をかけた。

「ちょっとお願いが……」

「なんだ」

「先生がえらくなったら私たち兄弟を右大臣、左大臣のポストにつけてくれませんか」

　このやりとりをきいたほかの弟子たちもさわぎはじめた。

「おい待てよ、ずるいぞ」

「しずかにしなさい。それじゃ世間の人

James

人とおなじじゃないか。おまえたちがほんとにえらくなりたいのなら、みなの奴隷になりなさい」

こんなこともあった。

イエスと弟子たちはサマリヤ地方を旅していた。もう夕暮れである。そろそろ宿の手配をしないといけない。

だがサマリヤ人たちはイエスをよく思っていなかった。どこへいってもことわられた。激怒したのはヤコブとヨハネである。

「ちくしょう！　先生、火を放ってこいつらを焼き殺してしまいましょうか」

「バカもの！」

イエスはこの兄弟に〝雷の子〟という仇名をつけた。カミナリ親父ならぬカミナリ兄弟で、とかくキレやすいふたりにはぴったりである。

イエスの死後、〝雷〟ヤコブは布教にとびまわった。はるばるスペインまで宣教にでかけて弟子をエルサレムにつれてきている。いまでこそ飛行機ですぐだが当時は徒歩である。あるいは舟である。この漁師出身のカミナリ男は頑丈な体をもち、また声も大きかった。説教がききとりにくかったというから、その声もカミナリのようなガラガラ声だったのかもしれない。

ヤコブの肖像は旅姿が多い。巡礼の杖をもち、ズダ袋を背負っている。そしてホタテ貝。彼の持物がホタテ貝なのは、地中海をまたにかけた〝海の男〟だからだろうか。

だがそんな鉄人も最期は無惨だった。

西暦四十三年ごろのことである。その年、過越祭をひかえた人々のあいだには例年にもまして反ローマ熱が高まっていた。

当時のユダヤ王ヘロデ・アグリッパは少年のころローマで教育をうけており、

ヤコブを祀る聖地へ向かう巡礼路の風景（下4点）。自転車で、昔ながらの徒歩で、ホタテ貝や十字架の道標に助けられ、終着点サンティアゴ・デ・コンポステラを目指す。

人々は彼を親ローマ派とみなしていた。民衆の怒りが自分にむけられては一大事だ、そう考えた彼はある策をねる。

　キリスト教の連中はユダヤ教の一派でありながら律法をまもらない。彼らを反ユダヤの異端にしたてれば民衆の怒りもそこにむかうだろう……。

　王の姑息な保身の犠牲になったのが教団の幹部だったヤコブである。首をはねられた[62頁]。

　勇敢な〝カミナリ野郎〟のことだから、最後まですこしもひるまなかったにちがいない。刑場にひかれていく途中、道ばたにいた足なえを奇蹟で立たせている。ヤコブを縄でひいていた男はその奇蹟におどろいてキリスト教に回心、ヤコブとともに打ち首にされたという。

　しかしヤコブの死後も迫害がつづくエルサレムでは彼の墓をつくることもできない。亡骸はオレたちがまもる、そう決意したスペイン出身の弟子たちはヤコブの遺体を舟にのせ、夜陰にまぎれて大海へこぎだすのである。

　潮に流されるまま地中海をわたり、やっとたどりついたそこはイベリア半島、みごとわれらのスペインだった。これもヤコブのおかげだ、と弟子たちは泣いて喜んだことだろう。

　そんな苦労のかいもあって、いま彼の墓のうえには立派な寺院が建っている。ヤコブを祀るサンティアゴ・デ・コンポステラ大聖堂はエルサレム、ヴァチカンのサン・ピエトロ大聖堂とならぶカトリック三大巡礼地のひとつである。十二世紀には年間五十万人もの巡礼客がおとずれたという。もちろんいまも多くの人が山道をせっせと歩いてこの地をめざす。

　十世紀からはじまったこのヤコブ・ツアー、じつにたくさんの人々が参加しただけにエピソードも多い。

　そのなかから今回は「鳥の奇蹟」。ドイツからやってきた親子の話である。父母と息子の三人づれ、その息子がまたとびっきりのハンサムだった。

　巡礼路の途中で宿屋に泊る。宿屋には年ごろの娘がいる。ハンサム君にひとめぼれした彼女はモーレツに彼を誘うが「とんでもない。僕は聖地をめざしているんですよ」と息子のほうはとりあわない。とうぜんである。ヤコブまいりをすます

長い旅路の末、サンティアゴ・デ・コンポステラ大聖堂前の広場に到着した〝ヤコブ・スタイル〟の巡礼者たち（上）。下は大聖堂の見どころのひとつである金銀細工師の門。

までは清潔でいなくてはいけない。

しかしこともあろうに、ふられた娘は出発するハンサム君のバッグに銀のコップをかくした。そして泥棒だと訴えた。

ハンサム君はつかまった。盗みの罪は絞首刑である。親は泣いた。かなしみに暮れながらそれでも巡礼をつづけた。そして帰り道、また刑場に立ちよるとなんと息子は生きている。そして息子のとなりにはあのヤコブ様がニコニコしながら立っている。

「息子は無実だ！　まだ生きてるから罪を取消してくれ」。親は裁判所へどなりこんだ。そのとき裁判官はヤキトリを肴にワインをのんでいた（たぶん）。ほろ酔いかげんの彼がヘラヘラ笑いながら「あいつが生きてるって？　それがほんとならこのヤキトリだって生きてるよ」といったとたん、皿のヤキトリはピヨと鳴いて空に舞いあがり、窓から外にとびだしたという。ハンサム君も無事保護された。

ヤコブ様、ありがとう！［編］

上３点はいずれもサンティアゴ・デ・コンポステラ大聖堂（左下）内のヤコブ像。堂内に入った巡礼者はまず、上右のヤコブ柱の下で祈りを捧げ、次に上中の中央祭壇に進み、背後にまわりこんで像に抱きつく。上左は白馬に跨る木彫像。下はヤコブの亡骸をおさめる地下聖堂の柩。

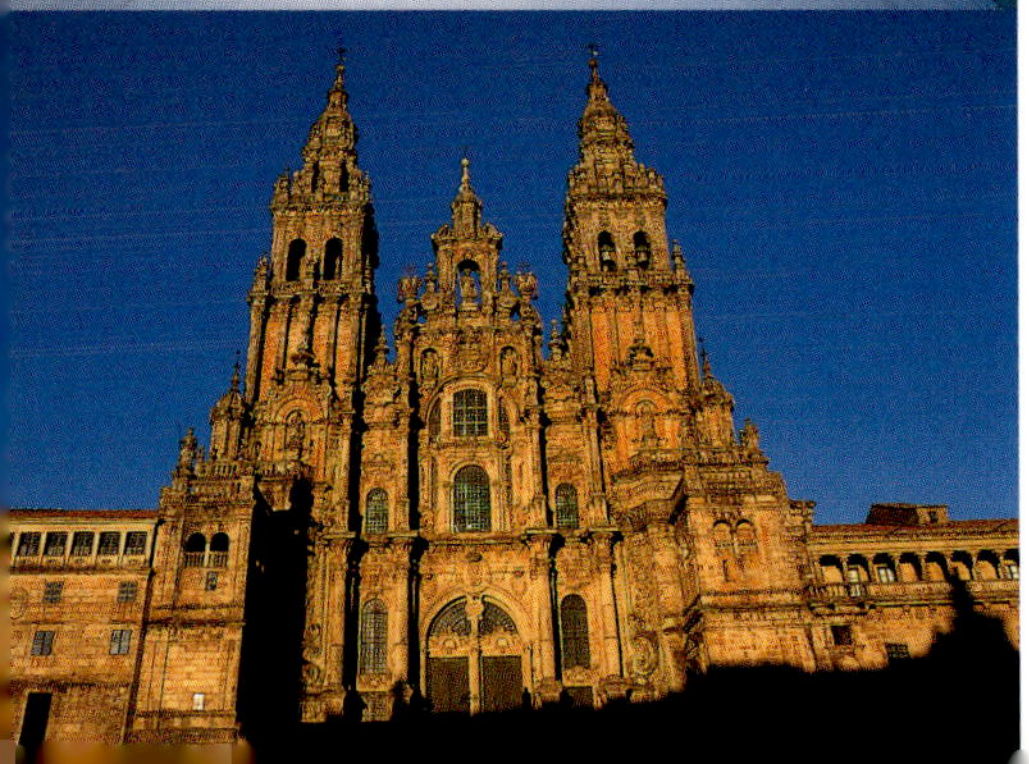

［右頁］流刑地で天上の師を思いながら、『黙示録』を執筆するヨハネ。ヒエロニムス・ボス《パトモス島の福音書記者ヨハネ》1475～85年頃　油彩、板　63×43.3cm　Staatliche Museen zu Berlin

［上］ヨハネが流されたパトモス島は、エーゲ海に浮ぶ小島で、当時は無人の島だった。Photo: Randa Bishop MCMLXXXIV/PPS

ヨハネはヤコブの弟である。だから仇名もおなじ〝雷の子〟、兄に似て若いころは短気で生意気な男だったらしい。

もともと洗者ヨハネの弟子だった彼はアンデレとともにイエスに会い、弟子になっている。弟子のなかでも古株だったことがヨハネをちょっぴり傲慢にしたのかもしれない。

また彼の実家は魚屋だが、従業員を何人かつかうほどの店がまえでなかなか裕福だった。貧しい家が多いガリラヤの町では〝いいとこのボン〟でとおっていた。それでプライドが高かったのかもしれない。

ヨハネは十二使徒のなかでもっとも若い。イエスに会ったとき彼はまだ十代だった。そしてイエスは、自分の親類でもあるこの青年をだれよりもかわいがっていた。

「最後の晩餐」の席でイエスにしなだれかかっているのがヨハネである。あんな

イエスのふところで安らぐヨハネ。マルティン・ショーンガウアー《最後の晩餐》より（全図は29頁）

ふうにイエスに甘えるのは弟子のなかでも彼だけである。

でもいくら愛弟子だって叱られることはあった。ヤコブのところで紹介した「右大臣、左大臣」「サマリヤ焼き打ち」のときイエスをかなしませた。

またあるときは、口をとんがらせながらイエスのところへやってきてこういった。

「先生の名前をつかって悪霊を追いはらってるペテン師がいたから、やめなさいって注意したのに知らんぷりするんです。先生からガツンといってやってください」

「いや、いいんだよ、ヨハネ。その人はべつに私たちに反対しているわけではない。反対しない人は味方と思わなくては」

イエスはやんわりと諭すのだった。

ゴルゴタの丘で十字架にかけられたイエスは、息子の最期をみとる母親マリアにむかって「これからはヨハネをあなたの息子と思ってください」といった。そのことを知ったヨハネはどんなにうれしかっただろう。やっぱり先生は僕を愛してくれていたんだ……。

ヨハネが〝大人〟になったのはこのときからだと思う。マリアを自分の家にひきとると、彼女がなくなるまで実の息子のように世話をした。

マリアの死後、それまでペトロといっしょにエルサレムで布教をつづけていたヨハネはトルコへむかう。

そこは異教徒の地である。異教の神につかえる神官たちはヨハネを神殿にひっぱりだすと、むりやり祈らせた。〝踏み絵〟である。

ヨハネは祈った。ただしイエス・キリストに。

するとおどろくなかれ、神殿がガラガラとくずれおちたのである。

神官たちは眼を疑った。とても信じられない。

「ヨ、ヨハネよ。こ、こんなことくらいではだまされないぞ。もしおまえが毒をのんでも平気なら、そのキリストやらを信じてもいいが」

きたないやつらだ。しかしヨハネは敢然とこの挑戦をうけた。「いいだろう」

はこばれてきた毒杯の上で十字をきると、ヨハネはそれを一気にのみほす……

なんともない。

みていた群衆は拍手喝采、神官もこんどはおとなしくひきさがるしかなかった。

ヨハネの持物が毒蛇の入った杯なのはこのときの話による。彼の人気はうなぎのぼりで、信者の数もぐんとふえた。

とうぜん神官たちはおもしろくない。彼らはローマ皇帝に手紙を書いた。いわく、ヨハネは神殿を冒瀆する危険人物です、云々。

皇帝はヨハネをローマによんだ。そしてキリストを否認しろとせまった。

むろんそんなことはできない。

城の外には油の煮えたぎる大釜が用意

してある。ヨハネはそこになげこまれた。カラアゲの刑である［56頁］。

だがヨハネは無事だった。テラテラと体中、油まみれになって釜からでてきた。〝奇蹟〟とはいえまるで手品師である。

ところで、十二使徒（ユダ以外）のなかで殉教しなかったのはヨハネだけである。なぜだろう。のちに黙示録と福音書をあらわすという大切な仕事があったからか。

いずれにせよ拷問してもムダだと知った皇帝はヨハネを島流しにした。行き先はエーゲ海に浮ぶ無人の小島、パトモス島である。

そこはひどくさびしいところだったらしい。ゴツゴツした岩だらけの島で、ヨハネはひとり洞窟にこもり黙示録を書いた。その中味は世界の終りにイエスが再臨し、神の国が出現するという話で、未来小説のようなものである。

そのうちローマ皇帝が死んだ。政策もかわり、ヨハネはゆるされてトルコにかえった。彼は長生きである。九十五歳まで生きている。その最晩年にヨハネ福音書を書いたらしい。

ヨハネ（左）はかつての漁師仲間であるペトロとコンビを組み、布教活動にはげんだ。
アルブレヒト・デューラー《使徒聖ヨハネと聖ペトロ》
1526年　油彩、板　215・5×76cm　Alte Pinakothek, München

ジオット・ディ・ボンドーネ《聖ヨハネの昇天》
1320～30年　フレスコ　280×430cm
Cappella Peruzzi, Chiesa di Santa Croce, Firenze　Photo: W.P.S.

イエスとの出会い、旅、そして別れ。師も仲間もみんな死んでしまった――何十年も昔の記憶をたどりながら、ヨハネは万感胸にせまる思いだったにちがいない。

そのころのヨハネはなにをきかれても「たがいに愛しあいなさい」としかいわず、弟子たちを困惑させている。ボケたのではない。けっきょくイエスが説きつづけた〝愛〟の教えがすべてだとさとったのだろう。

そんなある日、ヨハネの耳にあのなつかしいイエスの声がきこえた。

「私のもとにきなさい。私と仲間たちのもとに」

死ぬべきときがきた。弟子たちに穴を掘らせたヨハネはみずからそこに入り、祈りをささげた。その彼をまばゆい光がつつみこんだ。だれも眼をあけていられないくらい強烈な光である。

そして光が去ったとき、ヨハネの姿もこつぜんと消えていたという。

〝愛弟子〟ヨハネはイエスのふところにかえったのである。［編］

Matthew

マタイ

嫌われ者の取税人から大出世、
師の教えを書きのこしたペンの人

レンブラント・ファン・レイン《福音書記者マタイと天使》
1661年頃　油彩、カンヴァス　96×81cm
Musée du Louvre, Paris

ガリラヤ湖畔の村カペナウムはイエスが布教活動の拠点としていた場所である。

　ここにマタイという取税人の事務所があった。ある日のこと、いつものように彼が机で仕事をしていると、とつぜんイエスが入ってきた。そして彼の目を静かに見つめ、ひとこと「わたしの弟子になりなさい」と言った。この俺が!? マタイは驚愕した。思いがけないイエスの言葉に吸い寄せられるかのように、そのまま彼はフラフラと立ち上がった。そして取税人という職も、集めた税金も家も何もかも捨ててイエスに付き従った。

　人々はショックを受けた。なぜ、よりにもよってイエスはこんな男をえらんだのか……。いつの時代でもどこの国でも取税人は嫌われがちだが、当時のパレスチナでの取税人の憎まれようはちょっとすごい。ユダヤ教を信じる人々にとって、税金は神にこそ納めるべきものなのに、彼らの国はローマに支配されていたから、その税金も当然ローマ皇帝の懐に入る。ならばローマの手先じゃないか。

　しかもそのやり口がきたない。マタイが請け負っていたのは、あらゆる品物や場所にかけられる関税だったが、取税人たちはいつでも道行く人の荷物を開けさせ、自分の好きな額を課すことができた。たとえば、道を歩いている人を呼び止め、目の玉が飛び出るような額を要求し、払えなければ取税人の金を高利子で貸し付けるといった具合。同胞を裏切り、ローマが持つ絶大なる権力に便乗、不正に取り立てては私腹をこやす。これが取税人だった。彼らは、人殺しや盗賊といった犯罪者、律法やぶりの娼婦らと同類の〝人間のくず〟だった。〝けがれた者〟とみなされ、ユダヤ教の会堂にも入れてもらえなかった。

　だから、イエスに召されたマタイはよほどうれしかったのだろう。職業柄、裕福だった彼は、暗い過去よ、さようなら、とばかりに盛大な〝弟子入り記念パーティー〟をひらいた。イエスや弟子たちはもちろんのこと、取税人仲間や娼婦にも声をかけた。宴会場は大ぜいの人でごったがえし、飲めや歌えの大騒ぎだった。《レヴィ家の饗宴》はこの様子を描いたものである（レヴィとはマタイの本名で、イエスの弟子となる前はこう呼ばれていた）。しかし、当人たちにとっては愉快なこの祝宴も、ユダヤ教徒たちの目には異様な光景としてうつった。いったいイエスは何を考えているのか? 取税人や律法を守らない罪人と一緒に食事をするなんて。彼らと同席することは、自分もけがれることであり、神に背く行為じゃないか。イエスは答えた。「医者を必要とするのは、健康な人ではなく病人である。わたしが来たのは、正しい人を招くためではなく、罪人を招いて悔い改めさせるためである」

　こうして〝人間のくず〟からイエスの

カラヴァッジョ《聖マタイの召命》
1600年　油彩、カンヴァス　322×340cm
Cappella Contarelli, San Luigi dei Francesi, Roma Photo: W.P.S.

弟子へと大出世したマタイだったが、イエスが生きていた間はとくに目立つ弟子ではなかった。しかし彼をえらんだイエスの目に狂いはなかった。マタイは黙々と〝なすべきこと〟をなしていた。師の言葉や行動を注意深く見守り、記録にとどめ、それが後に「マタイによる福音書」というかたちをとるのである。すべてを放り出してイエスに従ったとき、ペンだけはもっていったのだろう。取税人は卑しい職業だったけれども、彼はペンで記録する習慣を身につけていたのだった。

　ところで、使徒から生まれたもうひとりの福音書記者ヨハネは九十歳代で天寿をまっとうしたといわれるが、マタイの最期はどうだったのか。自然死との説もあれば、ユダヤの衆議会による死刑とするものもある。人食い人種の住む土地で布教していて殺されてしまったという話もある。しかし、もっともポピュラーなものは次の伝説だろう。

　エチオピアに布教にでかけたマタイは、ある町で二匹のドラゴンを連れたふたりの魔術師に出会う。彼らは人々をたぶら

かし、自分たちを神として拝ませていた。「こりゃいかん」と思ったマタイは悪事をあばき、人々の目を覚まさせた。ところが、王子が亡くなったとき、またまた魔術師たちがシャシャリでてきた。王子をよみがえらせようとするが失敗。そこでマタイが登場、彼がお祈りを唱えるとアラ不思議、見事に王子は生き返った。勝ち目はないと悟った魔術師たちはペルシアへと脱出した。さて、ペルシアの地で彼らが出会うのは……。続きは114頁で。

一方、王は国中にお触れを出した。「マタイ様は神様です。皆の者、よくよく拝むように」。金銀の捧げ物が続々と届けられた。しかしマタイは、「わたしはイエスのしもべにすぎません」といって受け取らない。彼はかわりに教会を建て、すべての国民をキリスト教に入信させた。そして王の娘イフジェニア王女を神に仕える修道女にした。ところが、王女との

人々に蔑まれる取税人からイエスの弟子へ
大抜擢され、喜びの宴を開いたマタイ。
ヴェロネーゼ《レヴィ家の饗宴》
1573年　油彩、カンヴァス　555 × 1305cm
Gallerie dell´Accademia, Venezia Photo:W.P.S.

結婚を望む新帝のヒルタコが「よくも俺様から彼女を奪いやがったな。ゆるさん、ゆるさん、絶対にゆるさんぞ」と怒り狂った。マタイが教会でミサを捧げていると、ヒルタコが放った処刑人がやってきて、剣のひと突きをくらわした。こうして彼は殉教した［60～61頁］。

マタイの持物は、取税人だったことから財布とされるが、福音書記者として本やペンを持っていたり、天使をともなっていることもある。［編］

Thomas

トマス「〝復活〟をなかなか信じなかった厭世家」

ジョルジュ・ド・ラ・トゥール《聖トマス》
油彩、カンヴァス　69・5×61・5cm
Musée du Louvre, Paris

「ヨハネによる福音書」によれば、復活したイエスが最初に弟子たちの前に姿を現したとき、たまたまトマスはいなかった。後でそのことを聞かされたが、「手に釘の跡を見、この指を釘跡に入れてみなければ、また、この手をそのわき腹の傷口に入れてみなければ、わたしは決して信じない」と頑なな態度にでた。

数日後、イエスは再び弟子たちの前に現れた。今度はちゃんとトマスもいた。イエスは彼に「手を伸ばし、わたしのわき腹に入れなさい。信じない者ではなく信じる者になりなさい」と諭した。トマスは叫んだ。「わたしの主、わたしの神よ」。するとイエスは皮肉まじりに言い聞かせた。「わたしを見たから信じたのか。見ずとも信じる人は幸いである」

だが、伝説ではその後もトマスはやっぱり疑い深かった。イエスが亡くなり十年以上の歳月が流れたある日のこと、聖母マリアが天に召されることになった。布教のため各地に散っていた使徒たちが集められ、彼女の最期を看取った。埋葬を終え墓を守っていると、大勢の天使がやってきた。すると聖母は墓から起き上がり光に包まれて天にのぼっていった。自力で昇天したイエスに対し、これを聖母マリアの被昇天という。

ところがこの大事な瞬間に、またしてもトマスは座をはずしていた。もどってきた彼はことの次第を説明されても〝見てないので〟信じない。すると、不意にそこへ空のかなたから腰紐が降ってきた。聖母が証明のために自らの身に巻きつけていたそれを投げ与えたのだった。一説によれば、さすがのトマスもこれには参ってしまい、この腰紐を鉢巻代わりにして頭に巻きつけ、勇ましくもインドへ伝道に旅立っていったという。

トマスのインドでの布教を語る伝説はいくつかあるが、なかでも彼の持物である〝大工定規〟の由来となったのが次の話である。

もともとトマスはインドに行く気なんてこれっぽっちもなかった。ところが、インド王が優秀な大工を探しているので行けというイエスのお告げがあった。「いやです」と断ったが、教えを広めるためにも行ってこいという。遠いし、人種の違う自分が真理など語れないと思ったが、あきらめてインドへ渡った。トマスはまず王のために壮麗な宮殿の図面を引いてみせた。プランは受け入れられ王から莫大な建設資金を渡された。ところが彼はそれを貧しい人々に分け与え、多くの人をキリスト教に改宗させたのだった。だまし取った金で民衆を釣ったようなものである。だがこんなことはすぐにばれ、激怒した王はトマスを地下牢にブチこみ生皮を剝いで火あぶりにすることにした。

すると突然、奇蹟がおこり以前に死んだ王の弟がよみがえった。そして「天国でトマスが王のために建てた宮殿をみた」と告げたので、王はあの図面がそれだったのかと気がつき回心したという。この話はトマスを大工と建築家の守護聖人にもした。特に中世の職人たちに人気があり、大聖堂の工事にたずさわった彼らの組合は、しばしば聖トマスの一生を物語るステンドグラスを寄贈したという。

彼がどこの出身で、イエスの弟子となる前は何をしていたのか、なぜイエスに従うことになったのかなどはよくわからない。伝説によれば、インドのほかパルチア（今のイラン北東部）でも布教し、最期は南インドでバラモン教徒に槍で突き殺され殉教したという。このことからトマスは槍を持物とすることもある。［編］

“復活”を信じないトマスの前にイエスが現れ、
自らの傷口に触れさせる。
カラヴァッジョ《聖トマスの懐疑》
1601～02年頃　油彩、カンヴァス　107×146cm
Bildergalerie, Sanssouci, Potsdam

Philip

ピリポ

優柔不断な慎重居士はいちばんの古株

エル・グレコ《聖ピリポ》
1604年頃　油彩、カンヴァス　69.9 × 55.9cm
Museo del Prado, Madrid

ピリポは、イエスが洗礼者ヨハネのもとを去ってガリラヤへ帰ろうとした際に、「私に従いなさい」と言われてスカウトされた人物である。その直前に弟子入りしていたペトロ&アンデレ兄弟と同じくガリラヤのベツサイダ出身で、イエスの最古参弟子の一人。

「パンの奇蹟」と「最後の晩餐」のエピソードからは、彼が頭の固いリアリストだったことが読みとれる。群れなす人々を眼にしたイエスは「この人たちに食べさせるために、どこでパンを買えばいいだろう?」とピリポに尋ねた。これは神への信心を試す一種のテストだった。しかしこの〝ひっかけ〟に対し、ピリポは「彼等にたとえ少しずつでもパンをあげるとしたら、二百デナリオの金でも足りないでしょう」と、きわめて現実的な答えをしてしまう。神を信じる者の答えとして、これは〝不正解〟。

イエスは「私が訊いたのは、そんな意味ではない。おまえは神の〝愛〟を信じないのか」と咎めるかわりに、五つのパンを増やして人々全員に与えてみせたのだった。

さらに「最後の晩餐」では、「私を知っているなら、私の父(神)をも知ることになる」と語るイエスに、「私たちに御父をお示しください。そうすれば満足できます」と、またもや現実的な言葉を吐き、「こんなに長い間いっしょにいるのに、私がわからないのか」と、しかられている。

エルサレムを訪れていたギリシャ人たちに、イエスへの面会を頼まれたこともあった。ところが慎重派のピリポはこの異邦人たちを師に会わせていいか迷ったのか、アンデレに相談をもちかける。結局は二人でイエスにとりつぐことになるのだが、ちょっと優柔不断の感はいなめない。

それはともかく、そもそもピリポという名前はギリシャ名であり、ギリシャ語を話すユダヤ人信徒のリーダー格となった彼は、イエスの死後、ギリシャをはじめ、スキタイ地方や小アジアなどに布教に出かけたという。

スキタイ地方では二十年も伝道をつづけたが、とうとう異教徒たちにつかまり、軍神マルスの彫刻を祀った神殿へとつれてゆかれた。彼等がピリポに、自分たちの神に香を捧げろと迫った時、神殿の基壇からいきなり竜が出現する。竜は、供犠の火をたいていた神官の息子を殺し、二人の将官の息の根もとめた。口からは臭い息を吐き出し、居合わせた人々はその毒に次々と倒れる。

突然の怪事に襲われ、もだえながら恐れおののく異教徒たち。ピリポは毅然として言う。

「私の言うことを信じよ。いつわりの神像を打ち壊し、主の十字架をあがめるなら、竜の毒を癒し、死人も生き返らせてあげよう」

フィリッピーノ・リッピ《マルス神殿から竜を追い出す聖ピリポ》
1497年頃〜1502年　フレスコ　640×550cm
Cappella Filippo Strozzi, Santa Maria Novella, Firenze Photo: W.P.S.

命の惜しい異教徒たちは、神像を壊すことを息も絶え絶えの口で誓った。十字架を掲げたピリポが竜に「人間のいない荒野へゆけ！」と命じると、竜はその言葉のままに去っていった。そしてピリポは約束通り、人々の身体から毒を取り除き、三人の死者も蘇らせたのだった。救われた彼等がキリスト教に回心したのは言うまでもない。

この一世一代の奇蹟の後、同地に一年間とどまったピリポは、小アジアのヒエラポリスという町へと向かう。そこで彼は、愛娘二人とともに伝道に邁進したが、八十七歳の時に、またもや異教徒に捕らえられ、ついに殉教［63頁］。十字架に掛けられたうえに石打ちにされ、同地に葬られた。彼の持物である十字架は、竜退治とこの殉教のさまに由来している。二人の姉妹が父とともに殉教したかは不明だが、それぞれ父の右側と左側に埋葬されたという。［編］

Philip

X·H·TRI

Bartholomew
バルトロマイ
生皮をはがれて死んだ学究肌の人格者

［右頁］「皮はぎナイフ」を持った姿で描かれるバルトロマイ。
コンラート・ヴィッツ《聖バルトロマイ》 1435年頃
テンペラ、カンヴァス(板で裏打ち) 99.5×69.5cm
Kunstmuseum Basel
［左頁］ここでのバルトロマイはナイフの他に、
はぎとられた自らの皮も持つ。
ミケランジェロ・ブオナローティ《最後の審判》
部分 1535～41年 フレスコ 13.7×12.2m
Cappella Sistina, Palazzi Vaticani

バルトロマイの皮はぎ処刑場面。
1506年　木版画
エミール・マール「キリストの聖なる伴侶たち」より

すでに弟子入りしていたピリポによってイエスを知り、自分も弟子入りすることになったのがバルトロマイ、別名ナタナエルである。マタイ、マルコ、ルカの三福音書では「バルトロマイ」の名で十二使徒に列せられ、ヨハネ福音書が「ナタナエル」と記す弟子と同一人物とされる。

　ある日、バルトロマイはいつものようにイチジクの木の下に座っていた。ガリラヤのカナに生まれたユダヤ人であった彼は、涼しくひっそりとした木の下で、ユダヤ教の神に祈りをささげていたのかもしれない。あるいは学究肌の彼のことだから、じーっと黙想していたか、『旧約聖書』を読み返していたのかもしれない。

　そこに友達のピリポがやってくる。

「おいおい、そんなとこに座ってる場合じゃないぞ。モーゼが律法に書いていて、預言者たちもやっぱり書いている、あのお方に会っちゃったんだよ。ナザレの人で、イエスさんっていうんだ」

　たぶん、これまで二人は『旧約聖書』を何度も精読しては語り合い、〝救い主〟が現れるのを今か今かと待っていたに違いない。だが、あくまで冷静なバルトロマイは、ちょっと待てよと思う。

「ナザレの人だって？　あんな田舎から、そんな偉い人が出るわけないよ。『旧約聖書』にもそうとは書いてないしね」

　ピリポは、ただ「来て会ってみなよ」とだけ言う。とりあえず腰を上げ、イエスのところへ案内されるバルトロマイ。近づいてくる彼を眼にしたイエスは「みんな、ごらん。この人こそ本当のイスラエル人だ。この人には偽りがない」と言って出迎える。機先を制されたバルトロマイは「なぜ私を知ってるんです？」と尋ねるしかなかった。

「私は、あなたがピリポから話しかけら

れる前、イチジクの木の下に座っているのも見ていたよ」

　これは本物だ――感激したバルトロマイは叫ぶ。

「どうか、師と呼ばせてください。あなたは神の子です！　あなたはイスラエルの王です！」

「見たはずのないあなたの姿を、私が見たと言うので信じたのか。しかしあなたは、これからもっと偉大ななにかを見ることになる……」


　師が亡くなったあと、バルトロマイは世界の果てとされていたインドにまで布教した。とある町で、どんな病気も治すと大嘘をついていた偽の神が、なぜか口がきけなくなった。人々が別の偽神に尋ねると、「バルトロマイの仕業じゃ。あいつはインドの神々を滅ぼすためにやってきた。どんなやつじゃと？　髪は黒く縮れていて、肌は白い。眼は大きく鼻筋が通り、豊かな髭をはやしている。予知能力があり、なんでも知っている。あいつに会ったら、わしの傍には来ないよう頼んでくれ」

　そんなある日、バルトロマイが一人の男を悪霊から救ったというニュースを聞いた王様が、わが王女も助けてくれと言ってきた。出かけてみると、哀れ王女は鎖で縛られている。誰彼かまわず噛みつくのだという。バルトロマイがその鎖を解かせると、すでに王女の身体から悪霊は退散していた。喜んだ王は金銀財宝を駱駝に積んで御礼にあげようとしたが、使徒はもう立ち去ったあとである。

　つぎの日の早朝、バルトロマイは王の部屋に一人でやってきて、「昨日私をお探しだったようですが、私はこの地上のどんな財宝もいりません」と告げ、キリストの教えをこんこんと説く。さらにそのまた翌日、バルトロマイは王宮の前に祀られていた偽神の像を、その中に入っていた悪霊に命じて壊させもした。これを目撃した王はもちろん庶民たちも、こぞって洗礼を受けたのだった。

　ところがこの王には弟王がいて、失職した偽神の祭官たちは兄王が魔術にたぶらかされたと泣きついた。怒った弟王はバルトロマイを捕らえさせ、「兄にしたことへの仕返しに、今度はおまえの神を棄てさせ、わが神に香を捧げさせてやろう」と、うそぶく。使徒の返事は「それがおできになれば、あなたの神を信じましょう。もし駄目だったら、あなたにも私の神を信じていただく」――その言葉も終わらぬうちに、弟王の祀る神像が突然倒れ、くだけ散ったと知らせが届いた。逆上した弟王はすぐさまバルトロマイをこん棒で打ちのめすよう命じ、さらに生きたまま皮をはがさせた［63頁］。

　絵に描かれたバルトロマイが、いつも皮はぎナイフを持っているのはそのためである。［編］

Simon

シモン

ノコギリで切りきざまれた元テロリスト

レンブラント・ファン・レイン《使徒シモン》
1661年　油彩、カンヴァス　98.3×79cm
Kunsthaus Zurich/Foundation Prof. Dr. L. Ruzicka

James

小ヤコブ

こん棒で脳天を割られた目立たぬ男

上は聖タダイで、右は聖小ヤコブ。いずれもマルティン・ショーンガウアーによる作品。15世紀後半
Graphische Sammlung Albertina, Wien

タダイ

槍で突かれてペルシアで殉教

Thaddaeus

ここでまとめて取り上げる三人は、彼等の名前以外、福音書ではほとんどふれられていない地味な使徒たちである。

まずは小ヤコブ。先輩使徒にスペインの守護聖人となったヤコブがいるので、「大ヤコブ」「小ヤコブ」と区別して呼ぶ。「小」とされたのは、彼が若かったか、身体が小さかったかしたためだろう。さらにまぎらわしいことに、イエスの従兄弟（兄弟とも）にもヤコブがいる。そのヤコブは禁欲的なユダヤ教徒で、イエスが生きている間は彼を信じるどころか狂人と思い、他の従兄弟たちとともにイエスを家に連れ戻そうとした。もちろん十二使徒ではない。しかし、イエスの復活によって回心して、原始キリスト教団の中心的指導者の一人にまでなった人物である。

伝説では、エルサレムの初代司教となった小ヤコブは、最後は神殿の屋根から突き落とされた上に、こん棒で殴られ、脳ミソを飛び散らして殉教したという。そのため、彼の持物はこん棒なのだが、実はエルサレム教会の指導者だったのはイエスの従兄弟ヤコブの方であり、こん棒で撲殺されたのもやはりそちらのヤコブだったらしい。同名ゆえの混同ではあるが、それにしても小ヤコブはよっぽど目立たない男だったのだろう。

同名異人といえば、ルカ福音書には「ユダ」という名の使徒が二人登場する。「ヤコブの子ユダ」と「イスカリオテのユダ」。裏切りで有名なユダは後者であり、前者はマタイとマルコの両福音書で「タダイ」と呼ばれる使徒と同一人物である。本書では遠藤周作『イエス・キリスト』にならい、〝よい方〟のユダを「タダイ」と呼ぶ（その父のヤコブは先にあげた三人のヤコブとはまた別人で、どんな人物かは不明。ややこしいことである）。

しかし「ユダ」の名には、どうしても〝裏切り者〟のイメージが強く、ヨハネ福音書では、最後の晩餐の席上でイエスに「師よ、私たちには御自分の真の姿をお見せになろうとするのに、なぜ広く世の人たちにまで、そうなさらないのでしょう」と質問した弟子の名を、わざわざ「イスカリオテでない方のユダ」とことわっているほどだ。

この「ヤコブの子ユダ＝タダイ」とコンビを組んでペルシアへ布教に行ったのがシモンである。彼は、イエスの弟子となる前にはテロリスト集団「熱心党《ゼロテ》」の一員だった。そもそも熱心党は、ガリラヤ人ユダ（またも同名異人！）が紀元六年に起こした反ローマの一揆に端を発するとされる。過激なユダヤ民族主義者の集まりで、イスラエルをローマ支配から解放するために武力闘争を展開していた。この熱心党の同志のなかには、洗礼者ヨハネの教団に加わりながら、反ローマ運動

[左上]シモンとタダイは自分たちを殺そうとして逆に毒蛇に噛まれた二人の魔術師を救う。

[右上]将軍の娘が私生児を産み、助祭に暴行されたと嘘をつくが、赤ん坊が「助祭は潔白」と語る。

[左下]魔術師の煽動で異教徒に殺されるシモンとタダイ。同時に魔術師二人も雷に撃たれて死ぬ。

[右下]キリスト教に回心していたペルシア王は二人の遺骸を手厚く葬る。

ヴァチカン図書館蔵の14世紀中頃の写本『諸聖人伝』より

の指導者としての〝救い主〟の出現を待つ者も多く、シモンもその一人だったのである。


　イエスの死後、それぞれに外国に散って伝道していたタダイとシモンは、合流してペルシアに向かう。このはるか異教の地で、二人の使徒たちが主人公となって繰り広げる物語とは——。

　インドに出兵しようとしていた将軍が、二人の噂を聞きつけて自らのもとに呼び、戦いの結果を予測してくれと頼む。使徒たちは「それはあなたの神々に教えてもらったらいいでしょう」とイジワルな返事。かの地の偽神たちは「今回の戦《いくさ》は激戦となり、敵味方とも多くの犠牲者を出すであろう」と告げるが、それを聞いて使徒たちは大笑い。

「恐れることはありません。私たちはこの国に平和をもたらしに来たのですから。明日の朝九時、インドから和睦のための使者が訪れるでしょう」

　その予言は本当になった。将軍は、嘘の予言をした偽神の祭官たちを火あぶりにしようとするが、使徒コンビはそれを止める。

「私たちがこの国につかわされたのは、生きた者を殺すためではなく、死者を蘇らせるためなのです」

　すっかり感じ入った将軍は、二人を王様に謁見させる。しかしそこにはなんと、使徒マタイによってエチオピアから追放された二人の魔術師ザロエスとアルパクサトがいるではないか。憎っくき使徒よと、魔術師は毒蛇の群れを放って使徒を殺そうとする。その蛇を難なく投げ返す二人の使徒。逆に毒蛇に咬まれ、悲鳴を上げる情けない魔術師たち。しかし〝殺すために来たのではない〟使徒は、ここでも結局は魔術師の命を救うのだった。

　その後、生まれたばかりの赤ん坊に口をきかせたり、檻から逃げだした猛虎を羊のようにおとなしくさせたり、驚くべき奇蹟を起こす使徒コンビの前に、国王はじめ六万人以上の人々が回心し、洗礼を受けることになった。

　しかし、いくら助けられても懲りないのは魔術師である。彼等に煽動された人々が使徒を捕らえ、ついに二人は偽神の祭官に殺されてしまう。その時、一天にわかにかき曇り、稲妻に打たれた魔術師たちは真っ黒な炭と化す。さすがの神も堪忍袋の緒が切れたのか。なお、タダイとシモンの殺され方には諸説あり、それによって持物も変わってくるが、ここでは槍とノコギリとした。［編］

Judas

ユダ

裏切りを悔いて首を吊るも
〝史上最低の男〟として嫌われつづける

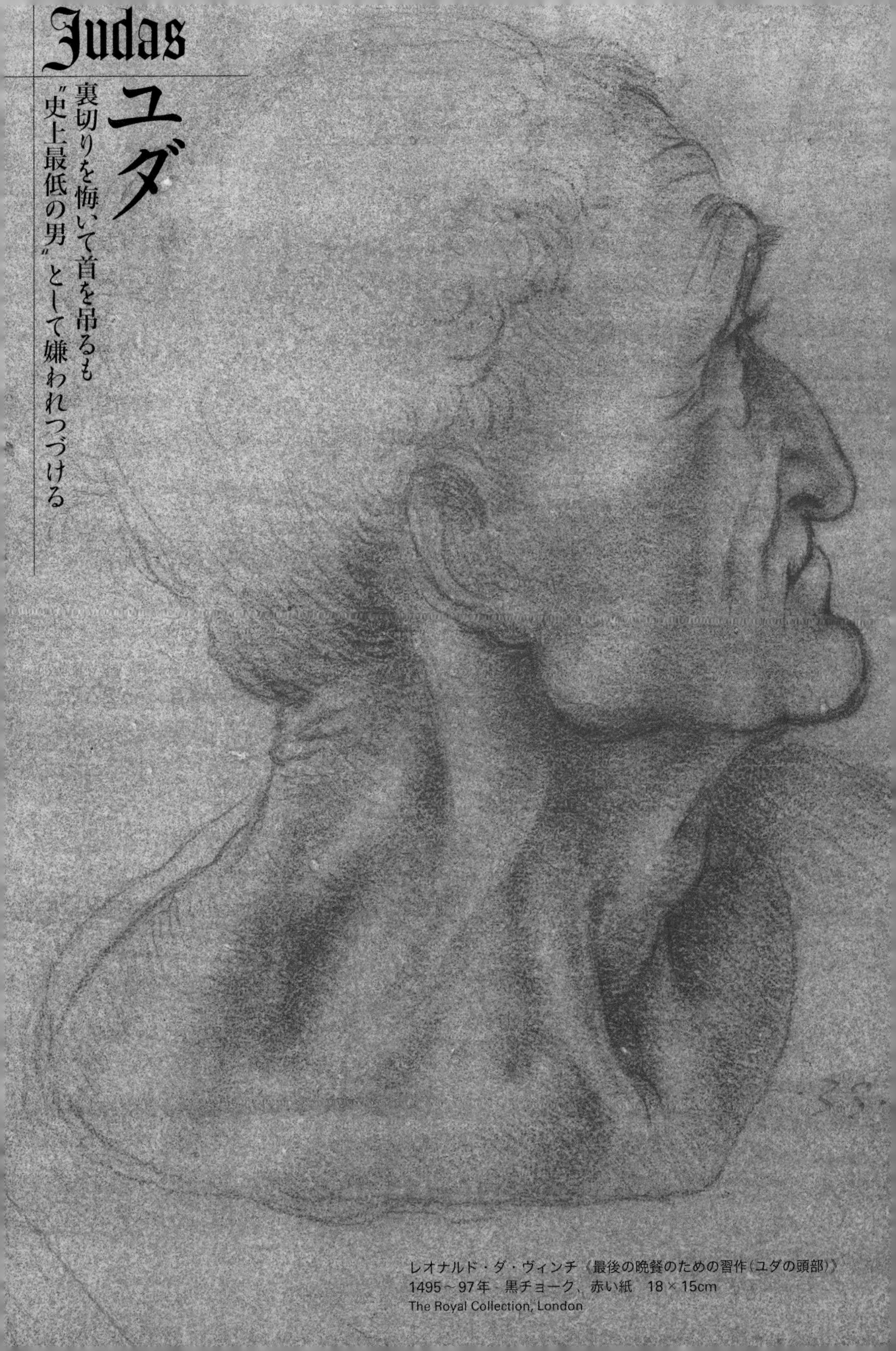

レオナルド・ダ・ヴィンチ《最後の晩餐のための習作（ユダの頭部）》
1495～97年　黒チョーク、赤い紙　18×15cm
The Royal Collection, London

イエスの時代に使われていたユダヤのコイン。
ユダはわずか銀貨30枚で師イエスを売った。
Photo: Erich Lessing/PPS

ユダは裏切り者の代名詞とされるが、裏切りに踏み切るまでの彼は、実は弟子のなかでもすぐれて理性的で、ペトロと並ぶリーダー格の存在だったとの見方もある。一方、遠藤周作はその『イエス・キリスト』で、イエスの生前、彼の真意を理解していたのは、ユダだけだったと記す。では、そんな彼がなぜ師を売るにいたったのか？　ここでは同書を引きつつ、「哀しき男」ユダの葛藤を追ってみよう（以下〈〉内の引用は同書より）。

通称「イスカリオテのユダ」。しかし「イスカリオテ」がどういう意味かは分かっていない。どこで生まれ、どんな経緯でイエスの弟子となったかも不明である。この男が、師に対する叛意のきざしをみせるのは、エルサレム入城の前夜である。

その日、イエスと弟子たちはベタニヤのシモン（十二使徒のシモンとは別人）の家を宿とした。外からは、イエスを熱狂的に支持する巡礼者たちの「メシヤよ、メシヤよ！」という歓声が聞こえる。

食卓についたイエスに、この家のマリアという娘が、壺を手にして歩みよる。彼女はイエスの前にひざまずき、その足に高価な香油を注いだ。彼女は家の外で高まる「メシヤよ、メシヤよ」という叫び声に応じたのだ。「メシヤ」には「救い主」という意味とともに、「油を注がれた者」という意味があったからである。

〈弟子たちはもちろんマリアの行為が何のためかわかった。彼等はおそらく感動したにちがいない。これほどの師にたいする迎えかたはなかったからである。

その時、イスカリオテのユダだけが口をひらいた。

「これほどのよい油なら三百デナリオで売れる。その金を貧者に施したほうがよかったのに……」

香油の匂いが家中にたちこめ（ヨハネ、十二ノ三）、人々が感動の面持でいる時、ユダの声だけが冷たくひびいた。侮辱したような物の言い方である。彼一人がまるで覚めているようだ。

ユダは勿論、マリアがなぜ、そんな行為をやったか百も承知していた。ヨハネ福音書の作者はそれをユダの偽善的な発言に受けとっている。だがその言葉にはもっと深い意味がある。イエスが皆の求めるメシヤにはならぬとユダはこの言葉ではっきり言っているのだ。

他の弟子たちがまだ巡礼者たちと同じようにイエスの本当の心を知らない時、このイスカリオテのユダだけが師の秘密を知っている。知っていて彼はそれに共鳴したのではない。彼はイエスにこの時、はじめて反駁したのだ。（中略）師よ、あなたは愛を説かれた。しかし愛は現実に直接の効果がないのです。あなたはみじめな者の永遠の同伴者になろうとされている。しかし、みじめな者は、たった今の三百デナリオの金のほうを必要としているのではないでしょうか。（中略）

イエスを売った代価を大祭司カヤパに返そうとして拒否されるユダ。
レンブラント・ファン・レイン《銀貨30枚を返すユダ》
1629年　油彩、板　79×102・3cm

ユダの死に方には首吊りの他にも異説があり、
身体が腫れて二つに裂け、腹わたが飛び出したという話も。
ピエトロ・ロレンツェッティ《首を吊ったユダ》
14世紀前半　フレスコ　167×115cm
Basilica di San Francesco, Assisi

イエスはこの時、こう答えられた。マリアから私は地上のメシヤという意味で香油をかけてもらったのではない。私の弔いの日のためにそうしてもらったのだ（ヨハネ、十二ノ七）。〉

ユダはイエスが、人々の期待する〝政治的な救い主〟、つまりイスラエルをローマ支配から解放する英雄などではないことを知っていた。そしていま、イエスの答えの意味を理解しえたのも彼だけだった。師は、現実的には無力な〝愛の救い主〟として死のうとしている……。

ユダは、多くの弟子たちがイエスに幻滅して去った後も師に従った数少ない一人である。だから、彼は単なる反抗者ではない。イエスもまた彼を信用していたことは、ユダが弟子団の会計係に任命されていたことからも分かる。しかし、いまや彼は愛する師の真意に反発を禁じえない。〈自分を愛するようにイエスを愛し、自分を憎むようにイエスを憎んだ〉ユダは、師の心変わりをどこかで期待しつつ、ともにエルサレムに入った。

そして「最後の晩餐」での決定的決裂、銀貨三十枚で師を売り渡すユダ——だが彼は、イエスの死の決意を感じてはいたが、そのきっかけをまさか自分が作ろうとは思っていなかった。逮捕された師を眼前にし、あらためて彼の心は揺れ動く。〈愛しているイエスが皆に撲られ、血を流している姿を見た時、師にたいする愛と憎、自己弁解、自己嫌悪、それらさまざまな感情を味わいながら、事の推移を見守っていたのであろう。

そしてイエスの死刑が決定した時、彼は自分も死なねばならぬと思った。イエスは人に今、侮辱され、軽蔑されている。しかし自分は永遠に人間から軽蔑されるだろう。イエスが今日、味わうものを自分は永遠に味わわねばならぬ。そのふしぎな相似関係にユダはこの時気づいた筈である。

その時、彼はたしかにイエスの存在の意味がわかった。彼は福音書の記述にかかわらず、イエスをやはり、たしかに信じたのである。

ユダはカヤパに金を返そうとしたが冷やかに一蹴された。手に握りしめたその三十枚の銀貨を彼はカヤパ官邸の庭に投げ捨て、城外に出て自分の首をくくった。ペトロは後にこう語っている。「彼はうつ伏せになって〈死んでいた……〉」。うつ伏せになったユダのみにくい死体を私たちは思いうかべる。ユダもまたイエスによって救われたろうか。私はそう思う。なぜなら、ユダはイエスと自分の相似関係を感ずることで、イエスを信じたからである。イエスは彼の苦しみを知っておられた。自分を裏切った者にも自分の死で愛を注がれた……〉

「哀しき男」ユダの孤独な葛藤は終わった。［編］

引用文出典

✤遠藤周作『イエス・キリスト』1983 新潮社
同書は『イエスの生涯』（1973 新潮社）、『キリストの誕生』（1978 新潮社）の合本。現在はともに新潮文庫に収録。

主要参考文献

✤ウィリアム・バークレー『イエスと弟子たち』大島良雄訳 1967 新教新書
✤犬養道子『新約聖書物語』1976 新潮社
✤ピーター・ミルワード『イエスとその弟子』別宮貞徳訳 1978 講談社現代新書
✤ヤコブス・デ・ウォラギネ『黄金伝説』1〜4巻 前田敬作他訳 1979〜87 人文書院
✤白川義員『新約聖書の世界』1979 小学館
✤遠藤周作『死海のほとり』1983 新潮文庫
✤レスリー・B・フリン『十二使徒』松代恵美訳 1988 CS成長センター
✤荒井献＋嘉門安雄監修『絵伝 イエス・キリスト』1988 小学館
✤『旧約新約聖書大事典』1989 教文館
✤エミール・マール『キリストの聖なる伴侶たち』田辺保訳 1991 みすず書房
✤榎本弘『イエスをめぐる群像 聖書のなかの人々』1993 高文堂出版社
✤ジェラール・ベシエール『イエスの生涯』田辺希久子訳 1995 創元社
✤井上洋治『福音書をよむ旅』1995 日本放送出版協会
✤遠藤周作『イエス巡礼』1995 文春文庫
✤阿刀田高『新約聖書を知っていますか』1996 新潮文庫
✤中丸明『絵画で読む聖書』1997 新潮社
✤滝澤武人『人間イエス』1997 講談社現代新書
✤イアン・ウィルソン『真実のイエス』小田卓爾訳 1997 紀伊國屋書店

長崎県外海町に平成12年にオープンした文学館は、
五島灘をのぞむ絶好のロケーションにある。
撮影＝筒口直弘

人間がこんなに哀しいのに主よ、
海があまりに碧いのです。
（遠藤周作『沈黙』文学碑より）

キリシタンの里に立つ
遠藤周作文学館

開館にあたって思うこと

遠藤順子［えんどう・じゅんこ　夫人］

二〇〇〇年五月十三日、かねて建設中でした遠藤周作文学館が西彼杵郡外海町夕陽ケ丘にめでたく開館致しました。主人の通夜の晩、お親しくして頂いていた前長崎県知事の高田勇氏から「長崎に遠藤さんのお墓を作りましょう」というご提案を頂いたことがきっかけとなって、文学館を建てるプランは早くも初七日の頃から動き始めていました。

当初七カ所ばかり挙がった候補地はいずれも帯に短し、たすきに長しといった具合で決断がつかず、結局は東京からはもとより、京阪からもかなり遠い、長崎の外海町に候補地が決まりました。以来、三年半の間に外海町を何度か訪れておりますが外海町へ来る度に、外海町と主人はよくよくのご縁で結ばれていたのだと、その不思議なご縁のことを思わずには居られませんでした。東京在住の実業家I氏の全面的な経済協力によって長崎に『沈黙』の碑を建立しようという話が出たのは、今を去ること十五年ほど前の事でした。

長崎市内にという工事関係者の希望もあったようでしたが、曲折の末、市内ではなくもっと『沈黙』の舞台となった架空の村「ともぎ」のイメージに近い所をということになりました。幸い長崎市万屋町でお寿司屋を営まれておられる「とら寿司」の大竹さんとは、お父様の代からのお付き合いでした。ご当主の大竹豊彦さんとはことに近しく、主人が主宰していた素人劇団「樹座」の座員として度々「樹座」にも出演なさり、名テナーとしての評判もとられた方でした。

館内風景。上から書斎コーナー、開架閲覧室、エントランスホール。ホールの上部にはステンドグラスがきらめく。

その大竹さんが休日を利用して文字通り手弁当で長崎市の近郊を歩き回られた末に、外海町の素晴らしい海辺の景色を見つけて下さいました。大竹さんの案内で『沈黙』の碑が建つことになった土地を見に参りました主人は、「ああここは神様が僕の為に取っておいて下さった土地だ」と申したそうです。

外海町の町長の山道幸雄さん、助役の東満敏さんとはそれ以来のお付き合いとなりました。今回、文学館の候補地決定に際して改めて外海町の夕陽ケ丘に立ってみて、外海町以上に遠藤周作の文学館を建てるにふさわしい土地は無いと確信致しました。

主人は自分が今生きているのは自分の背後で自分を支えてくれている様々のご縁の働きと申しておりました。今回、文学館開館に至ります迄にも、現実に生きていらっしゃって様々のご協力を頂きました多くの方々のご縁は言うまでもございませんが、遠いキリシタン時代に生きていらっしゃいました多くの方々との目に見えないご縁の力も感じざるを得ません。

二〇〇〇年の年頭にあたってローマの教皇様はこの千年の間に教会が犯した罪を世界に向かって謝罪なさいました。私はその記事を拝読しながら、今年（二〇〇〇）こそ教会と信者とがそれぞれ真剣な反省にたって新しい一歩を踏み出す布教元年と受け止めました。

初めの予定では昨年（一九九九）に開館するはずの文学館が着工の遅れで、この意義ある二〇〇〇年に開館するようになりましたことも決して偶然ではないような気が致します。この文学館が単に故人の遺品や原稿などを並べて見せるだけの文学館ではなく、遠藤周作という一人の作家がその一生をかけて模索した、日本人の感性にあったキリスト像を、二十一世紀には感謝を込めて東から西へ発信してゆく基地の一つに成って欲しいと切に希望しております。

（初出・平成十二年五月十四日付　長崎新聞）

遠藤周作の生涯とその足跡をたどる常設展示のほか、2年ごとにテーマ展示もなされている。写真提供＝外海町教育委員会（右頁も）

海の向こうにしずむ夕陽も絶景。
文学館付近にて　撮影＝筒口直弘

写真提供＝外海町役場文化企画課

外海町立

遠藤周作文学館

到着したとたん、青く果てしなく、キラキラと光る五島灘が目の前に開ける。館内には、書斎コーナーが再現され、生前の愛用品や生原稿、膨大な蔵書などが所蔵されている。外海町はまた、遠藤文学の原点ともいうべき小説『沈黙』の舞台となったキリシタンの里でもあり、『沈黙』の文学碑や県指定文化財の出津教会など見るべき場所も多い。できれば午後、ゆっくりと滞在して、町の史跡もめぐりつつ、夕暮れ時にもう一度文学館にもどってきたい。ちょうど海の向こうに沈まんとする夕陽が、息をのむほどに美しい。

Information

住所………
〒851-2327
長崎県西彼杵郡外海町大字黒崎東出津郷77
tel 0959-37-6011　fax 0959-25-1443

開館時間………

9時〜17時

観覧料………

大人＝350円、小中高生＝200円（団体割引あり）

交通アクセス………

バスの場合、長崎バス新地ターミナルあるいは長崎駅前から「桜の里ターミナル［板の浦］行」に乗り、到着後、「大瀬戸・板の浦行」に乗りかえ。黒崎支所前バス停まで約70分。バス停より徒歩5分。

車の場合、長崎駅前から滑石経由、国道202号で40分。


駐車場………

あり

【ブック・デザイン】
大野リサ・川島弘世

【地図製作】
白砂昭義（ジェイ・マップ）

◆

本書は『芸術新潮』1997年10月号特集
「遠藤周作で読むイエスと十二人の弟子」を
再編集、増補したものです。
今回新たに、遠藤周作文学館（p122～127）の記事を加えました。

とんぼの本

遠藤周作《えんどうしゆうさく》で読《よ》む　イエスと十《じゆう》二《に》人《にん》の弟子《でし》

発行　2002年12月10日
8刷　2011年12月15日

著者　遠藤周作《えんどうしゆうさく》・遠藤順子《えんどうじゆんこ》　芸術新潮編集部《げいじゆつしんちようへんしゆうぶ》
発行者　佐藤隆信
発行所　株式会社新潮社
住所　〒162-8711　東京都新宿区矢来町71
電話　編集部　03-3266-5611
　　　読者係　03-3266-5111
http://www.shinchosha.co.jp
印刷所　凸版印刷株式会社
製本所　加藤製本株式会社
カバー印刷所　錦明印刷株式会社

ISBN978-4-10-602097-1　C0316